O UNIVERSALISMO EUROPEU

O UNIVERSALISMO EUROPEU
a retórica do poder

Immanuel Wallerstein

APRESENTAÇÃO
Luiz Alberto Moniz Bandeira

TRADUÇÃO
Beatriz Medina

Copyright © Immanuel Wallerstein
Copyright © Boitempo Editorial, 2007

COORDENAÇÃO EDITORIAL	Ivana Jinkings
EDITORES	Ana Paula Castellani
	João Alexandre Peschanski
ASSISTENTE EDITORIAL	Vivian Miwa Matsushita
TRADUÇÃO	Beatriz Medina
PREPARAÇÃO	Mariana Echalar
REVISÃO	Hugo Almeida
DIAGRAMAÇÃO	Raquel Sallaberry Brião
CAPA	David Amiel
	sobre quadro *The Rock*, de Peter Blume, 1944-1948
	The Art Institute of Chicago
COORDENAÇÃO DE PRODUÇÃO	Juliana Brandt
ASSISTÊNCIA DE PRODUÇÃO	Livia Viganó

CIP-BRASIL. CATALOGAÇÃO-NA-FONTE
SINDICATO NACIONAL DOS EDITORES DE LIVROS, RJ.

W182u
Wallerstein, Immanuel Maurice, 1930-
    O universalismo europeu : a retórica do poder / Immanuel Wallerstein ;
tradução Beatriz Medina ; apresentação Luiz Alberto Moniz Bandeira. -
São Paulo : Boitempo, 2007.

    Tradução de: European universalism : the rhetoric of power
    Inclui bibliografia
    ISBN 978-85-7559-097-3

    1. Valores sociais - Aspectos sociais. 2. Imperialismo. 3. Globalização.
    4. Europa - Civilização. 5. Civilização ocidental. I. Título.

07-2806   CDD: 303.3720904
                                           CDU: 316.752(4)

É vedada a reprodução de qualquer parte
deste livro sem a expressa autorização da editora.

1ª edição: agosto de 2007; 1ª edição revista: setembro de 2013
1ª reimpressão: agosto de 2016; 2ª reimpressão: fevereiro de 2025

BOITEMPO EDITORIAL
Jinkings Editores Associados Ltda.
Rua Pereira Leite, 373
05442-000 São Paulo SP
Tel./fax: (11) 3875-7250 / 3875-7285
editor@boitempoeditorial.com.br | boitempoeditorial.com.br
blogdaboitempo.com.br | youtube.com/tvboitempo

A Anouar Abdel-Malek,
que passou a vida tentando promover
um universalismo mais universal

SUMÁRIO

Apresentação, *Luiz Alberto Moniz Bandeira*   11

Agradecimentos   23

Introdução
A POLÍTICA DO UNIVERSALISMO HOJE EM DIA   25

1   QUEM TEM O DIREITO DE INTERVIR?
OS VALORES UNIVERSAIS CONTRA A BARBÁRIE   29

2   É POSSÍVEL SER NÃO ORIENTALISTA?
O PARTICULARISMO ESSENCIALISTA   63

3   COMO SABER A VERDADE?
O UNIVERSALISMO CIENTÍFICO   85

4   O PODER DAS IDEIAS, AS IDEIAS DO PODER: DAR E RECEBER?   109

Bibliografia   125

Índice remissivo   129

Sobre o autor   139

APRESENTAÇÃO

Luiz Alberto Moniz Bandeira

Immanuel Wallerstein destaca-se como um dos maiores críticos da globalização capitalista e da política internacional dos Estados Unidos, ao lado de intelectuais como Noam Chomsky e Pierre Bourdieu. Após começar com pesquisas sobre a África, ele se voltou, desde os anos 70, para o estudo da macroeconomia mundial. Em sua importante obra *The Modern World-System*, publicada originalmente em três volumes em 1974, 1980 e 1989, defendeu a tese de que não existe Terceiro Mundo, pois há uma unidade no sistema capitalista mundial, caracterizado pela contradição entre trabalho e capital, cuja acumulação se processa principalmente entre os Estados-nacionais. No capitalismo, força de trabalho, recursos naturais, terra etc. perdem seu próprio valor intrínseco e se convertem em mercadorias, cujo valor de troca é determinado pelo mercado.

O sistema capitalista mundial, segundo Wallerstein, tem suas raízes na Europa e na América do século XVI, quando começou a formar-se o mercado mundial e a estabelecer-se a divisão internacional do trabalho. A capacidade de acumulação de capital na Inglaterra e na França possibilitou a expansão global das relações de intercâmbio econômico e, no século XIX, tanto as potências industriais quanto as nações e regiões agrícolas, as economias naturais e pré-capitalistas, já estavam virtualmente integradas nesse sistema. Essa concepção, defendida por Wallerstein e fundamentada essencialmente na teoria de Karl Marx, coincide com a de Rosa Luxemburgo e a de Leon Trotski, para os quais a economia mundial é um todo, uma realidade viva, poderosa, razão pela qual o socialismo, como consequência do desenvolvimento capitalista, só é possível como ordem econômica internacional.

Decerto, o sistema capitalista mundial, em termos econômicos, sociais, políticos e culturais, é muito heterogêneo e nele coexistem diversos estágios de civilização, acumulação de capital e poder político. Wallerstein sustenta que tais diferenças não decorrem do atraso de certas regiões em relação a outras, mas do próprio caráter do sistema mundial, ao qual é inerente a desigualdade entre centro, periferia e semiperiferia, em virtude da divisão internacional do trabalho, que se processou ao mesmo tempo em que se formava o mercado mundial. O centro caracteriza-se por seu progresso tecnológico, e a periferia fornece matérias-primas, produtos agrícolas e força de trabalho barata para os investimentos de capital. O intercâmbio econômico entre periferia e centro é, por conseguinte, desigual, uma vez que a periferia tem de vender barato suas matérias-primas e produtos agrícolas e comprar caro as mercadorias produzidas pelo centro do sistema, desequilíbrio que tende a reproduzir-se, embora mutações históricas possam ocorrer. A semiperiferia é constituída por uma região de desenvolvimento intermediário, que configura não uma periferia para o centro, mas um centro para a periferia. Em outras obras, Immanuel Wallerstein salienta que o centro (o Norte) não é um bloco unificado, que a Europa e o Japão não podem mais ser considerados vassalos dos Estados Unidos, aliás nem a periferia e a semiperiferia podem ser consideradas como tal, porque há muitos grandes Estados, como Rússia, China, Índia, Brasil, Indonésia, Coreia e outros, que possuem poder geopolítico potencial. Ele prevê ainda que a habilidade de manter-se o dólar como única moeda de reserva pode subitamente chegar a um fim; dada a enormidade da dívida dos Estados Unidos, qualquer colapso da crença na estabilidade de sua economia pode provocar a rápida retirada do dinheiro estrangeiro investido naquele país e criar em uma simples ação um sistema de reserva mundial trimonetário, provavelmente formado pelo dólar, pelo euro e pelo iene.

Immanuel Wallerstein, em *O universalismo europeu: a retórica do poder*, obra que a Boitempo Editorial agora lança no Brasil, desdobra, em outro nível, sua concepção do sistema capitalista mundial, mostrando que o universalismo das potências industriais dominantes, que ele chama de "universalismo europeu", sempre foi parcial e distorcido, promovido por líderes intelectuais pan-europeus, que buscam defender os interesses de suas classes dirigentes. E sustenta, com razão, que a história do sistema capitalista mundial moderno tem sido, em grande parte, a história da expansão dos povos e dos Estados europeus pelo restante do planeta, por meio da conquista militar, exploração econômica e injustiças em massa, sob o argumento de que tal expansão disseminou ou dissemina "algo invariavelmente chamado de civilização, crescimento e desenvolvimento econômico ou progresso". Essa observação faz lembrar a famosa obra de Domingo F. Sarmiento, *Facundo: civilização e barbárie*[1], em que o autor se refere à guerra civil na Argentina entre unitários e federalistas, após a independência do país, como a luta da civilização contra a barbárie. Civilização era o código ideológico que significava, no século XIX, a expansão do capitalismo, destruindo as economias não capitalistas e pré-capitalistas ainda existentes na América do Sul.

Os conceitos de democracia e de direitos humanos, de superioridade da civilização ocidental e da economia de livre mercado (*free market*) são apresentados como valores universais e invocados pelas grandes potências, sob a liderança dos Estados Unidos, para legitimar e justificar o direito de intervenção, que avocam para si, e o desrespeito aos princípios de soberania e autodeterminação

---

[1] Petrópolis, Vozes, 1997.

dos povos. O direito à ingerência é o reconhecimento de que os Estados estrangeiros podem violar a soberania nacional de outros países. Conforme defendido pela revista publicada na França sob o título *Le Droit d'Ingérence* [O Direito à Ingerência], as grandes potências industriais da Europa e os Estados Unidos não só têm o direito como também o dever moral e político de intervir em determinados países ou regiões onde supostos valores universais – democracia, direitos humanos, *free market* e outros – estejam sendo desrespeitados.

O filósofo Jean-François Revel foi o primeiro a invocar esse *devoir d'ingérence*, em 1979, em artigo na revista *L'Express*, em que trata das ditaduras centro-africanas de Jean-Bédel Bokassa e Idi Amin. A elaboração da teoria sobre o direito à ingerência ocorreu, no entanto, a partir dos anos 80, e foi o filósofo Bernard-Henri Lévy quem propôs sua reformulação a propósito do Camboja, durante um curso organizado por Mario Bettati, professor de Direito Internacional Público, e Bernard Kouchner, antigo representante da ONU no Kosovo e um dos fundadores da organização Médicos Sem Fronteiras. O direito à ingerência insere-se no esforço de redefinir a ordem mundial, subordinando a soberania nacional, que o eminente jurista Rui Barbosa chamou de "la grande muraille de la patrie"[2], aos princípios de democracia, Estado de

---

[2] Rui Barbosa em "Organisation de la Cour Permanente d'Arbitrage", *Obras completas de Rui Barbosa* (Rio de Janeiro, Ministério da Educação e Cultura, 1996), vol. 34, tomo 2, p. 250.

direito e direitos humanos, meio ambiente etc., interpretados, naturalmente, de acordo com os interesses e conveniências das grandes potências, que são as únicas com capacidade militar para promover intervenções em outros países. Nenhum país teria condições de intervir nos Estados Unidos por causa da violação dos direitos humanos, abusos e torturas em Abu Ghraib e outras prisões no Iraque, bem como no campo de concentração em Guantánamo.

Em meados dos anos 60, sob inspiração dos Estados Unidos, os governos militares no Brasil (general Humberto Castelo Branco) e Argentina (general Juan Carlos Onganía) passaram a defender a reformulação do conceito de soberania, que não mais deveria basear-se nos limites e fronteiras geográficas dos Estados e sim no caráter político e ideológico dos regimes, de modo que os Estados americanos pudessem intervir, coletivamente, em qualquer outro, quando algum governo aceito como democrático estivesse ameaçado por movimento supostamente comunista ou de natureza semelhante. Essa doutrina, conforme sua concepção, tornava necessária a criação da Força Interamericana de Paz (FIP), uma espécie de *standby force*, que seria integrada por contingentes de diversas nacionalidades do continente e ficaria à disposição da Organização dos Estados Americanos (OEA), pronta para intervir em defesa das fronteiras ideológicas, onde quer que uma ameaça de subversão se manifestasse. A cláusula democrática, introduzida na carta da OEA com o Protocolo de Washington, é de certo modo uma reedição revista e atualizada, já superado o contexto da

Guerra Fria, da velha doutrina das fronteiras ideológicas. Ela busca legalizar a intervenção em países da América Latina, com o suposto objetivo de preservar a democracia, cujo conceito é muito vago e depende da interpretação das potências dominantes. Da mesma forma que a OEA, a ONU, o mais das vezes, funciona em favor das potências dominantes, sobretudo das que controlam o Conselho de Segurança, um organismo obsoleto, porque reflete uma realidade do pós-Segunda Guerra Mundial e aprova resoluções para justificar e legalizar intervenções de caráter pretensamente humanitário onde seus interesses econômicos e geopolíticos estão ameaçados, tal como aconteceu no Golfo Pérsico e na Iugoslávia.

Em meio à globalização, as grandes potências tratam de redimensionar o papel do Estado e outra vez desenvolver no Direito Internacional um novo conceito de soberania, além de justificar o direito à ingerência, não mais com base nas fronteiras ideológicas, mas a pretexto de defender a democracia, o Estado de direito, os direitos humanos etc. A tese da soberania limitada se conjuga com a teoria do direito à ingerência, sustentada por alguns professores e políticos europeus e norte-americanos. O então secretário-geral da ONU, Kofi Annan, defendeu, em 1999, a limitação da soberania em favor dos direitos humanos. E, em janeiro de 2003, o embaixador Richard Haass, diretor do Policy Planning Staff, do Departamento de Estado dos Estados Unidos, declarou que um dos mais significativos desenvolvimentos das décadas passadas foi a emergência de um consenso global (leia-se consenso entre os Estados Unidos e as grandes potências industriais da Europa) de que a soberania nacional "is not a blank check". Conforme acentuou, "soberania não é absoluta, é condicional", e quando Estados violam os mínimos padrões da civilização, cometendo, permitindo ou ameaçando com atitudes intoleráveis seu próprio povo ou outras nações, "alguns dos privilégios da soberania são confiscados"[3]. Também Dominique de Villepin, em março de 2003, no Instituto de Estudos Estratégicos, em Londres, assinalou que a Guerra do Golfo abriu caminho à consolidação do *droit d'ingérence humanitaire*, que teria motivado as operações de paz da ONU na Somália, Haiti, Ruanda, Bósnia, Timor Leste e Serra Leoa. Entretanto, o próprio Villepin reconheceu que os limites do conceito de ingerência humanitária foram "progressivamente aparecendo", em função das críticas sobre sua "parcialidade" formuladas por "potências emergentes". Um relatório publicado e apresentado à ONU pelo Canadá, em fins de 2001, vestiu o direito à ingerência com a doutrina da "responsabilidade de proteger", i. e., o Estado estrangeiro deve proteger outra nação e o princípio da não intervenção cessa, suplantado pelo princípio da responsabilidade coletiva da comunidade internacional, quando o outro Estado colapsa (*state failure*), mostrando-se incapaz de evitar que a nação sofra *serious harm*, em caso de guerra civil, insurgência, repressão etc.

---

[3] "Existing Rights, Evolving Responsibilities", discurso de Richard Haass, proferido na Universidade Georgetown (Estados Unidos), em 14 de janeiro de 2003.

O direito à ingerência, no entanto, é incompatível com o sistema jurídico interamericano, que foi o primeiro a consolidar o princípio da não intervenção na Convenção sobre direitos e deveres dos Estados, aprovada em Montevidéu, em 1933, e que se tornou a base para as formulações posteriormente elaboradas na ONU. As Forças Armadas brasileiras sempre desconfiaram que, com base no pretexto de defender os indígenas Ianomâmi, os Estados Unidos e as potências europeias, como a França e a Grã-Bretanha, invocariam o direito à ingerência para intervir na Amazônia. Assim, como salientou o chanceler Celso Amorim,

> os conceitos de segurança surgidos no pós-Guerra Fria e no pós-11 de Setembro e o novo perfil assumido pela Otan [...] aguçaram sensibilidades e resistências à incorporação, no contexto hemisférico, de conceitos assemelhados para o tratamento das "novas ameaças" (terrorismo, narcotráfico, crime organizado, tráfico ilícito de armas, deterioração ambiental, epidemias), por mais preocupantes que elas sejam.[4]

Com efeito, o direito à ingerência, apropriado pelas nações mais fortes, é difícil de legitimar e, como Wallerstein comenta, os interventores, quando questionados, sempre recorrem a uma justificativa moral: a lei natural e o cristianismo no século XVI,

---

[4] "O Brasil e os novos conceitos globais e hemisféricos de segurança", pronunciamento de Celso Amorim, ministro de Estado das Relações Exteriores, no ciclo de debates organizado pelo Ministério da Defesa sobre a atualização do pensamento brasileiro em matéria de defesa e segurança. Realizado em Itaipava (RJ), em 11 de outubro de 2003.

a missão civilizadora no século XIX e os direitos humanos e a democracia no fim do século XX e início do século XXI. Com efeito, a defesa dos direitos humanos e a promoção da democracia foram a justificativa para a intervenção nos Bálcãs, em 1999, e no Iraque, em 2003.

Com a doutrina do direito à ingerência e, consequentemente, da soberania limitada, o que os Estados Unidos e certos países da União Europeia — o centro do sistema capitalista mundial — tratam de derrogar, em nome de valores universais, que na realidade não existem, são os dois princípios essenciais em que se fundamenta a frágil estrutura do Direito Internacional desde a paz de Westphalia, em 1648: soberania nacional e igualdade legal das nações. O que pretendem é preservar seu domínio, tanto econômico quanto político, por meios militares. Porém, como Wallerstein ressalta em *O declínio do poder americano*, o poder militar, na história mundial, nunca foi suficiente para manter a supremacia de um Estado. A legitimidade é necessária, ao menos uma que seja reconhecida por significativa parte do mundo. Os "falcões" de Washington solaparam essa legitimidade, fundamentada em valores como direitos humanos e democracia, com as guerras no Afeganistão e no Iraque, enfraquecendo irremediavelmente os Estados Unidos na arena geopolítica.

Segundo Wallerstein, a humanidade vive uma época de transição, em que "a luta entre o universalismo europeu e o universalismo universal é a luta ideológica central do mundo contemporâneo e o resultado será fator importantíssimo para determinar como será estruturado o sistema-mundo futuro", nos próximos vinte e cinco a cinquenta anos. Esta obra — *O universalismo europeu: a retórica do poder* — constitui uma grande contribuição para a compreensão da superestrutura ideológica das potências centrais e dominantes no sistema capitalista mundial, encapada por alguns valores, como direitos humanos e democracia, que elas realmente não respeitam, mas apresentam como *rationale* para agressões e para intervir militarmente nas regiões e países periféricos e semiperiféricos, em defesa de seus interesses econômicos e geopolíticos, além da sustentação de sua hegemonia.

St. Leon (Alemanha), junho de 2007

AGRADECIMENTOS

Em novembro de 2004 fui convidado pelo Saint John's College, da Universidade de British Columbia, para ser seu primeiro palestrante ilustre [*distinguished lecturer*] em Visão do Mundo. Pediram-me que fizesse uma série de três palestras. Este texto é a versão revisada daquelas palestras com o acréscimo de um quarto capítulo, no qual tiro as conclusões gerais de minha discussão. Sou extremamente grato ao reitor do Saint John's, professor Timothy Brook, pelo convite para falar em sua escola e ao público das palestras pela reação proveitosa e participativa.

Introdução
A POLÍTICA DO UNIVERSALISMO HOJE EM DIA

As manchetes dos jornais do mundo estão cheias de palavras conhecidas: Al Qaeda, Iraque, Kosovo, Ruanda, gulag, globalização e terrorismo. Elas lembram imagens instantâneas aos leitores, e essas imagens foram criadas para nós por nossos líderes políticos e pelos comentaristas do cenário mundial. Para muitos, o mundo de hoje é uma luta entre as forças do bem e do mal. E todos nós desejamos estar do lado do bem. Apesar de eventualmente debatermos a sabedoria de certas políticas para combater o mal, tendemos a não ter dúvidas de que é preciso combatê-lo e, com frequência, não temos nenhuma dúvida quanto a quem e o que o encarnam.

A retórica dos líderes do mundo pan-europeu – sobretudo, mas não só, dos Estados Unidos e da Grã-Bretanha –, da grande mídia e dos intelectuais do *establishment* está cheia de apelos ao universalismo como justificativa básica para suas políticas. Isso acontece principalmente quando falam das políticas relativas aos "outros" (os países do mundo não europeu, a população dos países mais pobres e "menos desenvolvidos"). O tom costuma ser moralista, intimidador e arrogante, mas a política é sempre apresentada como se refletisse valores e verdades universais.

Há três tipos principais de apelo ao universalismo. O primeiro é o argumento de que a política seguida pelos líderes do mundo pan-europeu defende os "direitos humanos" e promove uma coisa chamada "democracia". O segundo acompanha o jargão do choque entre civilizações, no qual sempre se pressupõe que a civilização "ocidental" é superior às "outras" civilizações porque é a única que se baseia nesses valores e verdades universais. E o terceiro é a afirmação da verdade científica do mercado, do conceito de que "não há alternativa" para os governos senão aceitar e agir de acordo com as leis da economia neoliberal.

Quem ler qualquer discurso de George W. Bush ou Tony Blair nos últimos anos (e mesmo os discursos de seus antecessores), ou de qualquer um de seus muitos acólitos, encontrará a reiteração constante desses três temas. Não se trata, entretanto, de temas novos. Como tentarei demonstrar neste livro, na verdade são temas velhíssimos, que constituíram a retórica básica dos poderosos ao longo da história do sistema-mundo moderno, pelo menos desde o século XVI. Há uma história dessa retórica. E há uma história da oposição a essa retórica. No fundo, o debate sempre girou em torno do que queremos dizer com universalismo. Tentarei mostrar que o universalismo dos poderosos sempre foi parcial e distorcido, um universalismo que chamo de "universalismo europeu" por ter sido promovido por líderes e intelectuais pan-europeus na tentativa de defender os interesses do estrato dominante do sistema-mundo moderno. Além disso, discutirei como, ao contrário, podemos avançar rumo a um universalismo genuíno, que chamo de "universalismo universal".

A luta entre o universalismo europeu e o universalismo universal é a luta ideológica central do mundo contemporâneo e o resultado será fator importantíssimo para determinar como será estruturado o sistema-mundo futuro, no qual entraremos nos próximos vinte e cinco a cinquenta anos. Não podemos deixar de tomar partido. E não podemos recuar para uma posição supraparticularista na qual invocamos a validade equivalente de todas as ideias particularistas apresentadas no mundo inteiro. Afinal, o supraparticularismo não passa de uma rendição disfarçada às forças do universalismo europeu e aos poderosos do momento, que buscam manter o seu sistema-mundo não democrático e não igualitário. Se quisermos construir uma alternativa real ao sistema-mundo vigente, teremos de encontrar o caminho para enunciar e institucionalizar o universalismo universal: um universalismo possível de conseguir, mas que não se concretizará de modo automático ou inevitável.

Os conceitos de democracia e de direitos humanos, de superioridade da civilização ocidental — porque baseada em valores e verdades universais — e de inescapabilidade da submissão ao "mercado" são apresentados como ideias evidentes por si sós. Mas elas não são nada evidentes. Trata-se de ideias complexas que precisam ser analisadas com atenção e despidas de seus parâmetros nocivos e não essenciais para que sejam avaliadas com sobriedade e postas a serviço de todos e não de poucos. Compreender como, por quem e com que objetivo se começaram a afirmar essas ideias é parte necessária da tarefa de avaliação, tarefa para a qual este livro pretende contribuir.

1

QUEM TEM O DIREITO DE INTERVIR?
OS VALORES UNIVERSAIS CONTRA A BARBÁRIE

A história do sistema-mundo moderno tem sido, em grande parte, a história da expansão dos povos e dos Estados europeus pelo resto do mundo. Essa é a parte essencial da construção da economia-mundo capitalista. Na maioria das regiões do mundo, essa expansão envolveu conquista militar, exploração econômica e injustiças em massa. Os que lideraram e mais lucraram com ela justificaram-na a seus olhos e aos do mundo com base no bem maior que representou para todos os povos. O argumento mais comum é que tal expansão disseminou algo invariavelmente chamado de civilização, crescimento e desenvolvimento econômico ou progresso. Todas essas palavras foram interpretadas como expressão de valores universais, incrustados no que se costuma chamar de lei natural. Por isso, afirmou-se que essa expansão não só foi benéfica para a humanidade como também historicamente inevitável. A linguagem utilizada para descrever essa atividade ora foi teológica, ora derivou de uma perspectiva filosófica secular.

É claro que a realidade social do que ocorreu foi menos gloriosa do que o quadro a nós apresentado pelas justificativas intelectuais. A discrepância entre a realidade e as justificativas foi duramente sentida e expressa de várias maneiras pelos que pagaram o preço na vida pessoal e coletiva. Mas ela também foi notada por diversos intelectuais oriundos dos estratos dominantes. Assim, a história do sistema-mundo moderno envolveu igualmente um constante debate intelectual sobre a moralidade do próprio sistema. Um dos primeiros e mais interessantes debates ocorreu muito cedo, no século XVI, dentro do contexto da conquista espanhola de boa parte das Américas.

Em 1492, Cristóvão Colombo, depois de longa e árdua viagem pelo oceano Atlântico a caminho da China, atracou em diversas ilhas do Mar do Caribe. Não encontrou a China, mas achou algo inesperado que hoje chamamos de Américas. Logo outros espanhóis seguiram seus passos. Em poucas décadas, os conquistadores espanhóis haviam destruído a estrutura política dos dois maiores impérios das Américas, o asteca e o inca. Imediatamente, um bando variegado de seus seguidores reivindicou a terra e procurou utilizar à força e impiedosamente o trabalho das populações desses impérios e do resto das Américas para lucrar com a terra de que se apossaram. Dali a meio século, grande parte da população indígena havia sido aniquilada pelas armas e pelas doenças. O número exato tem sido tema de debates tanto no século XVI quanto nos anos pós-1945. Hoje, a maioria dos especialistas acredita que se trata de um número extremamente grande[1].

Bartolomé de las Casas foi um personagem consagrado da época. Nascido em 1484, chegou às Américas em 1502 e ordenou-se em 1510; foi o primeiro padre a ser ordenado no Novo Continente. A princípio, foi favorável ao sistema espanhol de *encomienda*, que envolvia a divisão (*repartimiento*) de ameríndios como trabalhadores forçados entre os espanhóis que administravam propriedades agrícolas, pastoris ou mineiras, e dele participou. Mas em 1514 passou por uma "conversão" espiritual e renunciou a sua participação no sistema de *encomienda*; e voltou à Espanha para dar início à obra de sua vida: condenar as injustiças causadas pelo sistema.

Las Casas tentou influenciar a política espanhola e da Igreja participando de muitas comissões e escrevendo livros e memorandos. Frequentou os altos círculos, além de ser recebido e, às vezes, até favorecido pelo imperador Carlos V (rei Carlos I da Espanha). Obteve alguns sucessos iniciais para a causa que abraçou. Em 1537,

---

[1] Bartolomé de las Casas escreveu, em 1552, a *Brevíssima relación de la destrucción de las Indias*. O relato devastador agitou a opinião pública da Espanha na época. A discussão pós-1945 sobre o declínio acentuado da população indígena é muito extensa. Uma obra importante é a de Sherburne F. Cook e Woodrow Borah, *Essays in Population History: Mexico and the Caribbean*, que provocou boa parte da recente discussão.

o papa Paulo III publicou a bula *Sublimis Deus*, na qual determinava que os ameríndios não poderiam ser escravizados e só poderiam ser evangelizados por meios pacíficos. Em 1543, Carlos V decretou as *Leyes Nuevas*, que estabeleciam muito do que Las Casas propusera para a América, inclusive o fim de novas concessões de *encomiendas*. No entanto, a bula papal e o decreto real sofreram resistência considerável por parte dos *encomenderos* e seus amigos e partidários na Espanha e na Igreja. A bula papal e as *Leyes Nuevas*, após certo tempo, foram suspensas.

Em 1543, ofereceram a Las Casas o bispado de Cuzco, que ele recusou; depois, aceitou o bispado menor de Chiapas, na Guatemala (hoje localizado no sul do México). Como bispo, insistiu no cumprimento estrito das *Leyes Nuevas*, ordenando que os confessores impusessem como penitência aos *encomenderos* a compensação dos ameríndios, e até sua liberação das obrigações da *encomienda*. De certo modo, essa interpretação ampliava o decreto de Carlos V, que não se aplicava às *encomiendas* concedidas anteriormente; em 1546, Las Casas abandonou o bispado de Chiapas e voltou à Espanha.

Lá, enfrentou os esforços sistemáticos de seus adversários para refutar seus argumentos em termos teológicos e intelectuais. Um personagem-chave nessa empreitada foi Juan Ginés de Sepúlveda. O primeiro livro de Sepúlveda, *Démocrates primero*, escrito em 1531, teve negado o direito de publicação. Mas Sepúlveda insistiu. E, em 1550, Carlos V convocou um júri especial do Conselho das Índias para reunir-se em Valladolid e aconselhá-lo a respeito do mérito da controvérsia entre Sepúlveda e Las Casas. O júri ouviu a ambos sucessivamente, mas tudo indica que a Junta não chegou a um veredicto definitivo. Quando, alguns anos depois, Carlos V foi sucedido no trono pelo filho Felipe, o ponto de vista de Las Casas perdeu força na corte.

Tudo o que temos hoje são os documentos que os dois debatedores prepararam para a discussão. Como está claro que esses documentos fazem uma pergunta fundamental com a qual o mundo ainda hoje se preocupa – quem tem o direito de intervir, quando e como? –, vale a pena rever com atenção seus argumentos.

Sepúlveda escreveu um segundo livro especificamente para esse debate: *Demócrates segundo*[2]. Traz o subtítulo *Das causas justas da guerra contra os índios*. Nele, Sepúlveda apresentou quatro argumentos diferentes em defesa das políticas do governo espanhol, da maneira como eram interpretadas e executadas pelos *encomenderos*. Apresentou como embasamento uma longa série de citações das autoridades intelectuais mais respeitadas da época, em especial Aristóteles, santo Agostinho e santo Tomás de Aquino.

Primeiramente, Sepúlveda argumenta que os ameríndios são

bárbaros, simplórios, iletrados e não instruídos, brutos totalmente incapazes de aprender qualquer coisa que não seja atividade mecânica, cheios de vícios, cruéis e de tal tipo que se aconselha que sejam governados por outros.

---

[2] Juan Ginés de Sepúlveda, *Demócrates segundo, o De las justas causas de la guerra contra los indios*.

34 · O UNIVERSALISMO EUROPEU

A segunda tese diz que

> os índios devem aceitar o jugo espanhol mesmo que não o queiram,
> como retificação [enmienda, emendentur] e punição por seus crimes
> contra a lei divina e natural com os quais estão manchados, prin-
> cipalmente a idolatria e o costume ímpio do sacrifício humano.

A terceira razão é que os espanhóis são obrigados, pela lei
divina e natural, a

> impedir o mal e as grandes calamidades [que os índios] infligiram, e
> que aqueles que ainda não estão sob o domínio espanhol continuam
> hoje a infligir, a grande número de pessoas inocentes sacrificadas aos
> ídolos todos os anos.

E o quarto argumento é que o domínio espanhol facilita a evangelização cristã ao permitir que os padres católicos preguem "sem
risco e sem serem mortos por governantes e sacerdotes pagãos,
como aconteceu três ou quatro vezes"[3].

---

3   Todas essas citações são do resumo dos argumentos de Sepúlveda feito por
    Las Casas em *Apología, o Declaración y defensa universal de los derechos del hombre y
    de los pueblos*, p. 6-8. O resumo é inteiramente justo, como se pode ver em
    Demócrates segundo. O índice compilado por Angel Losada para essa edição
    de Sepúlveda contém o seguinte tópico: "Guerra contra os índios – Justi-
    ficativas: 1) servidão natural, 19-39; 2) erradicar a idolatria e os sacrifícios
    humanos, 39-61; 3) libertar os inocentes de serem sacrificados, 61-63; 4)
    propagação da religião cristã, 64" (p. 152). O índice é mais breve que o
    resumo de Las Casas, mas em essência é a mesma coisa. Ler o prolixo texto
    de Sepúlveda, principalmente sobre os dois primeiros argumentos, pouco
    acrescenta ao resumo de suas opiniões.

Como se pode ver, esses são os quatro argumentos básicos que têm sido usados para justificar todas as "intervenções" subsequentes dos "civilizados" do mundo moderno em zonas "não civilizadas": a barbárie dos outros, o fim de práticas que violam os valores universais, a defesa de inocentes em meio aos cruéis e a possibilidade de disseminar valores universais. Mas é claro que essas intervenções só podem ser realizadas quando se tem poder político-militar para isso, como foi o caso na conquista espanhola de grande parte das Américas, no século XVI. Por mais que os argumentos tenham servido como forte incentivo moral aos conquistadores, está claro que foram altamente respaldados pelos benefícios materiais imediatos que obtiveram com a conquista. Logo, quem estivesse inserido na comunidade conquistadora e quisesse refutar tais teses teria antes de enfrentar uma jornada exaustiva. Essa pessoa teria de argumentar tanto contra crenças como contra interesses. Foi a essa jornada que Las Casas se dedicou.

Ao argumento de que há pessoas naturalmente bárbaras, Las Casas respondeu de várias maneiras. Uma delas foi observar as múltiplas formas bastante frouxas com que se usou a palavra "bárbaro". Las Casas disse que, se alguém é definido como bárbaro porque tem comportamento selvagem, então podemos encontrar tais pessoas em todas as partes do mundo. Se alguém é considerado bárbaro porque sua língua não é escrita, então essa língua poderia ser escrita e, ao fazê-lo, descobriremos que ela é tão racional quanto qualquer outra. No entanto, se limitarmos a palavra "bárbaro" ao significado de comportamento monstruoso de fato, pode-se dizer que esse tipo de comportamento é bastante raro e socialmente restringido mais ou menos no mesmo grau em todos os povos.

A objeção de Las Casas ao argumento de Sepúlveda foi a generalização a um povo inteiro ou a uma estrutura política do comportamento que, no máximo, seria de uma minoria − minoria cujos equivalentes seriam tão fáceis de encontrar tanto no grupo autodefinido como mais civilizado quanto no grupo considerado bárbaro. Ele lembrou ao leitor que os romanos haviam definido como bárbaros os ancestrais dos espanhóis. Las Casas propunha o argumento da equivalência moral média de todos os sistemas sociais conhecidos, de modo que não havia hierarquia natural entre eles que justificasse o domínio colonial[4].

Se o argumento sobre a barbárie moral era abstrato, o de que os índios haviam cometido crimes e pecados que deviam ser corrigidos e punidos era muito mais concreto. Nesse caso específico, a acusação concentrava-se na idolatria e no sacrifício humano. Aqui, Las Casas tratava de questões que despertaram com muita rapidez a repugnância moral dos espanhóis do século XVI, que não conseguiam entender como se podia permitir que alguém fosse idólatra ou realizasse sacrifícios humanos.

A primeira questão que Las Casas levantou foi a jurisdição. Destacou, por exemplo, que os judeus e muçulmanos que viviam em terras cristãs podiam ser obrigados a obedecer às leis do Estado,

---

[4] Las Casas, op. cit., p. 15-44.

mas não podiam ser punidos por seguir seus próprios preceitos religiosos. Essa seria uma verdade *a fortiori* caso os judeus ou muçulmanos vivessem em terras que não fossem governadas por um cristão. Esse tipo de jurisdição só poderia ser exercido, defendia ele, sobre um herege cristão, porque o herege era alguém que havia violado o voto solene de obedecer à doutrina da Igreja. Se a Igreja não tinha jurisdição sobre os não cristãos que habitavam terras cristãs, seria portanto ainda menos sensato argumentar que a Igreja tinha jurisdição sobre os que nunca haviam ouvido falar de sua doutrina. Consequentemente, a idolatria poderia ser julgada por Deus, mas não estava sujeita à jurisdição de um grupo humano externo ao grupo que a praticava.

É claro que hoje consideraríamos o argumento de Las Casas como defesa do relativismo moral ou, pelo menos, do relativismo legal. Naquela época, porém, assim como hoje, ele estava sujeito à acusação de que esse ponto de vista demonstrava indiferença pelo sofrimento de inocentes, vítimas de práticas contrárias à lei natural. Essa era a terceira tese de Sepúlveda, e a mais forte. Las Casas tratou-a com prudência. Em primeiro lugar, insistiu que a "obrigação de libertar inocentes [...] não existe quando há alguém mais adequado para libertá-los". Em segundo lugar, disse que, se a Igreja confiara a um soberano cristão a tarefa de libertar os inocentes, "outros não deveriam agir nesse caso, muito menos fazê-lo com petulância". Mas finalmente, e mais importante, Las Casas apresentou o argumento de que se deve ter cuidado ao agir de acordo com o princípio do mal menor:

Embora admitamos que a Igreja tem obrigação de impedir a morte injusta de inocentes, é essencial que isso seja feito com moderação, havendo cuidado para que não se faça um mal maior a outros povos, o que seria um impedimento a sua salvação e tornaria infrutífera e incompreendida a paixão de Cristo.[5]

Esse era um ponto fundamental para Las Casas e ele o ilustrou com a questão moralmente complicada dos rituais em que se comiam corpos chacinados de crianças. Começou observando que não era costume de todos os grupos indígenas nem eram muitas as crianças sacrificadas naqueles grupos que se dedicavam a essa prática. Mas isso teria sido fugir à questão se Las Casas não enfrentasse a realidade de uma escolha. E aqui ele defendeu o princípio do mal menor:

Além disso, é um mal incomparavelmente menor que morram poucos inocentes do que os infiéis blasfemem contra o nome adorável de Cristo, e que a religião cristã seja difamada e detestada por esses povos e outros que dela saibam, quando ouvem dizer que muitas crianças, idosos e mulheres de sua raça foram mortos sem motivo pelos cristãos, como parte do que acontece na fúria da guerra, como já ocorreu.[6]

Las Casas foi implacável contra o que hoje chamaríamos de "dano colateral": "É pecado que merece a danação eterna ferir e matar inocentes para punir os culpados, pois isso é contrário à justiça"[7].

---

[5] Ibidem, p. 183.
[6] Ibidem, p. 187.
[7] Ibidem, p. 209.

E apresentou uma razão final pela qual não seria lícito que os espanhóis punissem os índios pelos pecados que estes poderiam cometer contra inocentes. É "a grande esperança e presunção de que tais infiéis serão convertidos e corrigirão seus erros [...] [já que] não cometem tais pecados obstinadamente, mas com certeza [...] em virtude de sua ignorância de Deus"[8]. E Las Casas terminou a discussão com uma peroração:

> Os espanhóis penetraram, certamente com muita audácia, nessa parte nova do mundo, da qual nunca haviam ouvido falar nos séculos anteriores, e na qual, contra a vontade de seu soberano, cometeram crimes monstruosos e extraordinários. Mataram milhares de homens, queimaram suas aldeias, tomaram seu gado, destruíram suas cidades e cometeram crimes abomináveis sem desculpa demonstrável nem específica, e com monstruosa crueldade contra essa pobre gente. Pode-se verdadeiramente dizer que homens tão sanguinários, rapaces, cruéis e sediciosos conhecem Deus, a cuja adoração exortam os índios?[9]

A resposta a essa pergunta levou diretamente àquela dada por Las Casas ao último argumento de Sepúlveda: facilitar a evangelização. Os homens só podem ser levados a Cristo por livre vontade, nunca por coação. Las Casas admitiu que Sepúlveda fez a mesma afirmativa, mas perguntou se as políticas que Sepúlveda justificava eram compatíveis com o conceito de livre-arbítrio:

---

[8]   Ibidem, p. 251.
[9]   Ibidem, p. 256.

> Que coação maior pode haver do que aquela imposta por uma força armada que abre fogo com arcabuzes e bombardeios, cujo horrível clamor, ainda que não tenha nenhum outro efeito, deixa a todos sem fôlego, por mais fortes que sejam, ainda mais aqueles que não têm conhecimento dessas armas e não sabem como funcionam? Se os potes de barro explodem com o bombardeio, e o chão treme, e o céu se nubla com a poeira grossa, se os velhos, os jovens e as mulheres caem e as cabanas são destruídas, e tudo parece abalado pela fúria de Belona, não diríamos verdadeiramente que a força está sendo usada para fazê-los aceitar a fé?[10]

Las Casas acreditava que a guerra não era um meio de preparar as almas para suprimir a idolatria. "O evangelho não é espalhado com lanças, mas sim com a palavra de Deus, com uma vida cristã e a ação da razão"[11]. A guerra "engendra ódio, e não amor, a nossa religião. [...] Os índios devem ser trazidos à fé com doçura, com caridade, com a vida santa e a palavra de Deus"[12].

Se consagrei tanto tempo a explicar os argumentos dos dois teólogos do século XVI, é porque nada se disse desde então que acrescentasse algo essencial ao debate. No século XIX, as potências europeias proclamaram que tinham uma missão civilizadora no mundo colonial[13]. Lorde Curzon, vice-rei da Índia, exprimiu

---

[10] Ibidem, p. 296.

[11] Ibidem, p. 300.

[12] Ibidem, p. 360.

[13] Harald Fischer-Tiné e Michael Mann (orgs.), *Colonialism as Civilizing Mission: Cultural Ideology in British India.*

bem esse ponto de vista ideológico num discurso que fez no Clube Byculla, em Bombaim (atual Mumbai), em 16 de novembro de 1905, para um grupo composto principalmente de administradores coloniais britânicos:

[O propósito do império] é lutar pelo direito, rejeitar o imperfeito, o injusto e o cruel, não pender nem para a mão direita nem para a esquerda, não cuidar por lisonjas nem aplausos nem ódios nem ofensas [...], mas sim recordar que o Todo-Poderoso pôs vossa mão no maior dos Seus arados [...] para levar a lâmina um pouco mais à frente em vosso tempo, sentir que em algum lugar, em meio àqueles milhões, deixastes um pouco de justiça ou felicidade ou prosperidade, uma sensação de hombridade ou dignidade moral, uma fonte de patriotismo, uma aurora de esclarecimento intelectual ou uma incitação ao dever, onde antes não existiam. Isso basta. Essa é a justificativa do homem inglês na Índia.[14]

Sem dúvida essa justificativa era um pouco menos convincente para o povo indiano do que parecia a lorde Curzon e aos administradores coloniais com quem falava, já que os sucessores de Curzon tiveram de deixar a Índia menos de meio século depois, em 1948. Talvez os ingleses de Curzon não tenham deixado justiça, felicidade ou prosperidade suficientes. Ou talvez tenham estimulado hombridade, dignidade moral e patriotismo demais — este

---

[14] Citado no ensaio "'Torchbearers upon the Path of Progress': Britain's Ideology of a 'Moral and Material Progress' in India — An Introductory Essay", em Harald Fischer-Tiné e Michael Mann (orgs.), op. cit., p. 25.

último em prol do país errado. Ou talvez o esclarecimento intelectual que os administradores coloniais britânicos promoveram
permitiu que os colegas de Jawaharlal Nehru tirassem conclusões
diferentes a respeito dos méritos do domínio britânico. Ou talvez,
razão mais esmagadora de todas, o povo indiano concordasse com
o famoso gracejo de Mahatma Gandhi em resposta à pergunta de
um repórter:

— Sr. Gandhi, o que acha da civilização ocidental?
— Acho que seria uma boa ideia — respondeu Gandhi.

A segunda metade do século XX foi um período de descolonização em massa pelo mundo afora. A causa e a consequência
imediatas dessa descolonização foram uma mudança importante
na dinâmica do poder no sistema interestados, como resultado
do alto grau de organização dos movimentos de libertação
nacional. Uma a uma, em efeito cascata, as antigas colônias
tornaram-se Estados independentes, membros das Nações
Unidas, protegidos pela doutrina de não intervenção de Estados soberanos nos assuntos internos uns dos outros — doutrina
entranhada tanto na lei internacional em evolução quanto no
Estatuto das Nações Unidas.

Em teoria, isso deveria significar o fim da interferência. Mas é
claro que não foi o que ocorreu. É verdade que não havia mais a
justificativa da evangelização cristã para o controle imperial legítimo nem aquela do conceito mais neutro, em termos religiosos,
da missão civilizadora das potências coloniais. A linguagem retó-

rica passou então a um conceito que veio a ter novo significado e força na época pós-colonial: os direitos humanos. Em 1948, as Nações Unidas erigiram, como seu eixo ideológico, a Declaração Universal dos Direitos Humanos, ratificada por quase todos os seus membros. Esta não constitui uma lei internacional, mas encarna uma série de ideais com os quais, em princípio, as nações da ONU se comprometem.

Não é preciso dizer que, desde então, tem havido atos repetidos, generalizados e notórios que violam a Declaração. Como a maioria dos governos baseou sua política externa em uma visão dita realista das relações entre Estados, não houve quase nenhuma ação intergovernamental que se possa dizer que reflita essa preocupação com os direitos humanos, embora a violação da Declaração tenha sido regularmente invocada como propaganda de um governo para condenar outro.

A inexistência na prática da preocupação intergovernamental com as questões dos direitos humanos levou à criação de muitas organizações ditas não governamentais (ONGs) para preencher a lacuna. As ONGs que assumiram o fardo da ação direta de defesa dos direitos humanos mundo afora eram de dois tipos principais. De um lado, havia o tipo representado pela Anistia Internacional, que se especializou em divulgar prisões de indivíduos consideradas ilegítimas e violentas. Buscava mobilizar a opinião pública internacional, de forma direta e por meio de outros governos, para provocar mudanças da política dos governos acusados. E, de outro lado, havia o tipo representado pelos Médicos Sem

Fronteiras, que buscava levar assistência humanitária a zonas de conflito político sem aceitar o manto da neutralidade que há muito tempo tem sido o principal escudo estratégico da Cruz Vermelha Internacional.

Essa atividade não governamental atingiu certo grau de sucesso e, como consequência, disseminou-se, principalmente a partir da década de 1970. Além disso, esse avanço em favor dos direitos humanos recebeu o apoio de algumas atividades novas de nível intergovernamental. Em 1975, os Estados Unidos, a União Soviética, o Canadá e a maior parte dos países europeus reuniram-se na Conferência sobre Segurança e Cooperação na Europa (CSCE) e assinaram os Acordos de Helsinque, que obrigava todos os Estados signatários a obedecer à Declaração Universal dos Direitos Humanos. No entanto, como nesse acordo não havia mecanismo punitivo, criou-se uma estrutura ocidental não governamental, a Helsinki Watch, para assumir a tarefa de pressionar os governos do bloco soviético para que respeitassem esses direitos.

Quando se tornou presidente dos Estados Unidos, em 1977, Jimmy Carter afirmou que a promoção dos direitos humanos seria o ponto central de sua conduta política e ampliou o conceito para além de sua aplicação no bloco soviético (onde, em termos geopolíticos, os Estados Unidos tinham pouca possibilidade de exercer o poder), para os regimes autoritários e repressores da América Central (onde, em termos geopolíticos, os Estados Unidos tinham possibilidade considerável de exercer o poder). Mas a política de Carter não durou muito. Qualquer que tenha sido seu impacto na América Central, ela foi praticamente revogada durante o governo seguinte, de Ronald Reagan.

Nesse mesmo período, houve três importantes intervenções diretas na África e na Ásia, onde um governo atacou o outro com base no argumento de que o país atacado violava os valores humanitários. Primeiro, em 1976, um grupo guerrilheiro palestino sequestrou um avião da Air France com israelenses a bordo e levou-o para Uganda, com a anuência e a cumplicidade do governo ugandense. Os sequestradores exigiram a libertação de determinados palestinos presos em Israel em troca da libertação dos reféns israelenses. Em 14 de julho de 1976, uma unidade de operações especiais de Israel voou até o aeroporto de Entebe, matou alguns guardas ugandenses e resgatou os israelenses. Segundo, em 25 de dezembro de 1978, soldados vietnamitas atravessaram a fronteira do Camboja, derrubaram o regime do Khmer Vermelho e instalaram outro governo. E terceiro, em outubro de 1978, Idi Amin atacou a Tanzânia, que contra-atacou e cujos soldados alcançaram a capital ugandense e derrubaram Idi Amin, instalando outro presidente.

O que há de igual nesses três casos é que a justificativa, do ponto de vista dos interventores, eram os direitos humanos: impedir a manutenção de reféns no primeiro caso e derrubar regimes extremamente cruéis e ditatoriais nos outros dois. É claro que, em cada caso, podemos discutir a solidez e a veracidade da acusação e até que ponto não existiria alternativa mais legalista ou pacífica. Também podemos discutir as consequências de cada um desses atos. Mas a questão é que os interventores afirmavam e acreditavam estar agindo de modo a maximizar a justiça e, portanto, estavam moralmente justificados segundo a lei natural, ainda que não tivessem justificativa legal diante da lei internacional. Além disso, todos os interventores buscaram receber, e de fato receberam, aprovação considerável não só de suas próprias comunidades como de outras no sistema-mundo, com base na ideia de que somente o meio violento utilizado erradicaria o mal evidente que afirmavam estar ocorrendo.

O que vimos foi uma inversão histórica da teorização sobre os códigos morais e jurídicos do sistema-mundo. Por um longo período, mais ou menos do século XVI até a primeira metade do século XX, predominou a doutrina de Sepúlveda — a legitimidade da violência contra os bárbaros e o dever moral de evangelizar — e as objeções de Las Casas constituíam uma posição claramente minoritária. A partir daí, com as grandes revoluções anticoloniais de meados do século XX e em especial no período de 1945 a 1970, o direito moral dos povos oprimidos de recusar a supervisão paternalista dos povos que se diziam civilizados passou a ter legitimidade ainda maior nas estruturas políticas mundiais.

Talvez o auge da institucionalização coletiva desse novo princípio tenha sido a adoção pela ONU, em 1960, da Declaração de Concessão da Independência aos Países e Povos Coloniais, assunto que fora totalmente escamoteado no Estatuto das Nações Unidas, escrito apenas quinze anos antes. Parecia finalmente que Las Casas teria suas opiniões adotadas pela comunidade mundial.

Mas, assim que a validação do ponto de vista de Las Casas se tornou doutrina oficial, a nova ênfase nos direitos humanos dos indivíduos e dos grupos tornou-se tema de destaque na política mundial e isso começou a minar o direito de rejeitar a supervisão paternalista. Em essência, a campanha pelos direitos humanos restaurou a ênfase de Sepúlveda no dever dos civilizados de suprimir a barbárie.

Foi nesse momento que o mundo assistiu ao colapso da União Soviética e à derrubada de governos comunistas em toda a Europa oriental e central. Ainda era possível acreditar que esses acontecimentos se encaixavam no espírito da declaração das Nações Unidas sobre o direito à independência. No entanto, a subsequente divisão da Iugoslávia entre as repúblicas que a constituíam levou a uma série de guerras, ou quase guerras, nas quais a luta pela independência se vinculava à política de "purificação étnica". Havia muito tempo, as repúblicas que constituíam a antiga República Federal Socialista da Iugoslávia mostravam clara ênfase étnica, mas todas também tinham minorias nacionais importantes. Assim, quando se dividiram em Estados separados, processo que durou alguns anos, houve pressão política interna considerável, em cada uma delas, para reduzir ou remover por completo as minorias étnico-nacionais dos novos Estados soberanos. Isso levou a conflitos e guerras em quatro das antigas repúblicas iugoslavas: Croácia, Bósnia, Sérvia e Macedônia. A história de cada uma foi muito diferente, assim como seu resultado. Mas em todas a purificação étnica tornou-se questão fundamental.

O contínuo alto nível de violência, que incluía estupros e massacres de civis, levou a apelos à intervenção ocidental para pacificar a região e garantir uma aparência de equanimidade política, ou pelo menos assim se argumentou. Essa intervenção ocorreu sobretudo e especialmente na Bósnia (onde havia três etnias mais ou menos da mesma dimensão) e no Kosovo (região da Sérvia com grande população albanesa). Quando os governos ocidentais hesitaram, os intelectuais e as ONGs desses países pressionaram obstinadamente seus Estados a intervir e foi o que finalmente fizeram.

Por várias razões, a pressão não governamental foi mais forte na França, onde um grupo de intelectuais fundou uma revista chamada *Le Droit d'Ingérence* [O Direito à Ingerência]. Embora não citassem Sepúlveda, esses intelectuais usaram argumentos seculares que seguiam na mesma direção. Insistiam, como Sepúlveda, que a "lei natural" (embora talvez não tenham usado essa expressão) exigia determinados tipos de comportamento universal. Também insistiam que, quando não ocorria esse comportamento, ou pior, quando tipos opostos de comportamento predominavam em determinada região, os defensores da lei natural não só tinham o *direito* moral (e, claro, político) de intervir como também o *dever* moral e político de intervir.

Ao mesmo tempo, ocorrem guerras civis na África, na Libéria, em Serra Leoa, no Sudão e, acima de tudo, em Ruanda, onde os hútus perpetraram uma matança em massa dos tútsis sem que houvesse intervenção significativa de soldados estrangeiros. Ruanda, Kosovo e várias outras regiões em estado de extrema tragédia humana tornaram-se tema de muitos debates retrospectivos sobre o que se poderia ou não ter feito, ou sobre o que se deveria ter feito, para salvaguardar a vida e os direitos humanos nessas zonas. Por fim, não preciso lembrar até que ponto se justificou a invasão norte-americana do Iraque em 2003 como necessária para livrar o mundo de Saddam Hussein, ditador perigoso e cruel.

Em 2 de março de 2004, Bernard Kouchner fez a 23ª Conferência Comemorativa Morgenthau no Conselho de Ética e Assuntos Internacionais de Carnegie, realizada anualmente. Kouchner é talvez o mais destacado porta-voz da intervenção humanitária no mundo atual. É fundador de Médicos Sem Fronteiras; cunhou a expressão *le droit d'ingérence*; foi ministro do governo francês encarregado dos assuntos de direitos humanos e, mais tarde, representante especial do secretário-geral da ONU no Kosovo. Em suas próprias palavras, é alguém que "ainda por cima tem a fama de ser o único partidário do sr. Bush na França". Portanto, há certo interesse em conhecer, para reflexão, o que Kouchner considera ser o papel da intervenção humanitária na lei internacional:

> Há um aspecto da intervenção humanitária que se mostrou bastante difícil de implementar. Refiro-me à tensão entre a soberania de Estado e o direito a intervir. A comunidade internacional está trabalhando num novo sistema de proteção humanitária por meio do Conselho de Segurança da ONU; mas é claro que a globalização não anuncia o fim da soberania de Estado, que continua a ser o baluarte da ordem mundial estável. Em outras palavras: não podemos ter governança global nem sistema da ONU sem a soberania dos Estados.

A comunidade internacional deve lutar, no padrão da União Europeia, para resolver esta contradição inerente: como podemos manter a soberania de Estado, mas também encontrar um modo de tomar decisões comuns sobre questões e problemas comuns? Uma maneira de resolver o dilema é dizer que a soberania dos Estados só pode ser respeitada se emanar do povo no interior do Estado. Se o Estado é uma ditadura, então não merece, em absoluto, o respeito da comunidade internacional.[15]

O que Kouchner nos apresentou foi o equivalente da evangelização no século XXI. Enquanto para Sepúlveda a principal consideração era se o país ou povo era cristão, para Kouchner a principal consideração é se eles são ou não democráticos, ou seja, se vivem em um Estado que não seja uma "ditadura". Sepúlveda não podia tratar do caso dos países e povos que eram cristãos e assim mesmo se dedicavam a atos bárbaros que violavam a lei natural, como a Espanha e a Inquisição, e portanto ignorou-o totalmente. O que Kouchner não pôde tratar foi do caso em que um país ou povo com forte apoio popular se dedica assim mesmo a atos bárbaros contra uma minoria, como o que ocorreu em Ruanda, e portanto ignorou-o totalmente. Naturalmente, é claro, Kouchner era favorável à intervenção estrangeira em Ruanda não porque houvesse uma ditadura ali, mas porque considerava o ato bárbaro. Falar em ditadura como princípio geral não foi algo muito honesto, embora aplicável em alguns casos (como, digamos, o

---

[15] Bernard Kouchner, 23ª Conferência Comemorativa Morgenthau.

Iraque), mas com certeza não em todos aqueles em que Kouchner e outros achavam moralmente imperativo intervir.

Diante da "contradição inerente" a que se referiu Kouchner – entre a soberania dos Estados e as decisões em comum sobre direitos humanos –, suponhamos que os princípios de Las Casas – suas quatro respostas a Sepúlveda – fossem aplicados à situação no Kosovo ou no Iraque. A primeira questão de que tratou Las Casas foi a presumida barbárie do outro contra quem se intervém. O primeiro problema, disse ele, é que nesses debates nunca fica muito claro quem são os bárbaros. No Kosovo, eram os sérvios, o governo da Iugoslávia ou um grupo específico liderado por Slobodan Milosevic? No Iraque, os bárbaros eram os árabes sunitas, o partido Baath ou um grupo específico liderado por Saddam Hussein? Os interventores moveram-se de forma ameaçadora entre todos esses alvos, raramente esclarecendo ou distinguindo, e sempre defendendo a urgência da intervenção. Com efeito, de certo modo eles pretextavam que resolveriam mais tarde a atribuição da culpa. Mas é claro que mais tarde não chega nunca. Afinal, um adversário nebuloso permite formar uma coalizão nebulosa de interventores, cada qual com uma definição diferente de quem são os bárbaros e, portanto, com objetivos políticos diferentes no processo de intervenção.

Las Casas insistiu em organizar tudo isso de antemão. Afinal, argumentava que a verdadeira barbárie é fenômeno raro e normalmente contido pelos processos sociais de cada grupo social. Se assim é, uma pergunta que sempre devemos fazer diante de uma situação entre tantas outras que definimos como bárbaras é não só por que o processo interno desmoronou mas também o grau em que de fato desmoronou. É claro que se dedicar a esse exercício analítico tende a causar demora, e esse é o principal argumento contra ele. Não há tempo, dizem os interventores. A cada momento a situação se deteriora ainda mais. E isso bem pode ser verdade. Mas o ritmo mais lento pode impedir que se cometam erros lamentáveis.

A análise resultante do princípio de Las Casas também nos força a estabelecer uma comparação. Os países e povos que intervêm também são culpados de se envolver em atos bárbaros? Se assim for, esses atos são menos graves do que os ocorridos nos países e nos povos visados a ponto de justificar o sentimento de superioridade moral em que se baseia toda intervenção? Já que o mal existe por toda parte, esse tipo de comparação certamente seria paralisante; essa é a principal asserção contra ela e bem pode ser verdade. Mas a tentativa de comparação também serve de freio oportuno à arrogância.

Há o segundo princípio de Sepúlveda: a obrigação de punir os que cometem crimes contra a lei natural ou, como diríamos hoje, crimes contra a humanidade. Alguns atos podem ofender o senso de decência de gente honesta organizada naquele personagem nebuloso, quase fictício, conhecido como "comunidade internacional"[16]. E quando isso acontece, não somos obrigados a

---

[16] Ver o comentário maravilhoso e um tanto ácido de Trouillot sobre a comunidade internacional: "Penso na [comunidade internacional] como um

punir tais crimes? Foi a esse argumento que Las Casas opôs três perguntas: Quem os definiu como crimes, e estavam assim definidos na época em que foram cometidos? Quem tem jurisdição para punir? Há alguém mais adequado do que nós para impor a punição, caso seja merecida?

É claro que a questão da definição dos crimes e de quem os define é um debate importantíssimo, tanto hoje como no passado. Nos conflitos balcânicos da década de 1990, os crimes certamente foram cometidos por determinação da maioria das pessoas, inclusive dos líderes políticos da região. Sabemos disso porque líderes políticos adversários de todos os lados acusaram-se uns aos outros de crimes, e até do mesmo tipo de crime: limpeza étnica, estupro e crueldade. O problema que enfrentavam os de fora era que crimes punir, ou melhor, como sopesar a responsabilidade relativa de cada lado.

De fato, os interventores externos engajaram-se em dois tipos de ação. Por um lado, empreenderam uma ação, primeiro diplomática e depois militar, para deter a violência, o que em muitos casos significou tomar partido de uma ou outra facção em situações específicas. Na melhor das hipóteses, em certo sentido isso implicou uma avaliação do peso relativo dos crimes. Por outro lado, os interventores externos criaram tribunais internacionais

---

tipo de coro grego da política contemporânea. Ninguém jamais a viu, mas canta no fundo do palco e todos atuam de acordo com ela" (Michel-Rolph Trouillot, "The North Atlantic Universals", em Immanuel Wallerstein [org.], *The Modern World-System in the Longue Durée*, p. 230).

especiais que buscaram punir indivíduos específicos e selecionar esses indivíduos em todos os lados do conflito.

Mais tarde, no julgamento mais espetaculoso que se seguiu aos acontecimentos, o de Milosevic, a base de sua defesa era não apenas sua inocência, como também o fato de o Tribunal Penal Internacional não ter indiciado vários indivíduos das potências interventoras que ele, Milosevic, acusava de ter cometidos crimes. Afirmava ser aquele o tribunal dos fortes que condenava os líderes dos militarmente fracos, e não uma corte de Justiça. Assim, temos duas perguntas: os supostos crimes eram de fato crimes ou apenas um comportamento geral aceito? E, se eram de fato crimes, todos os criminosos foram levados à Justiça ou apenas os oriundos do país sob intervenção, e jamais os oriundos do país que fez a intervenção?

É claro que a questão da jurisdição era fundamental no debate. De um lado, os que insistiam no direito e no dever de intervir afirmavam que a criação dos tribunais internacionais era um avanço da lei internacional. Mas em termos jurídicos havia não só a questão do procedimento pelo qual se criou o tribunal como também a definição geográfica estrita de sua possível jurisdição.

E havia, finalmente, a questão da existência ou não de formas alternativas de julgar os crimes, ou de juízes alternativos. De fato, no início da década de 1990, os Estados Unidos argumentaram que os juízes mais aptos eram os europeus – quer dizer, os europeus ocidentais –, uma vez que os Bálcãs se localizam na Europa e são membros potenciais da União Europeia. Mas, por razões políticas e militares, os europeus hesitaram em assumir o fardo sem o apoio ativo dos Estados Unidos e, em última instância, foi a Organização do Tratado do Atlântico Norte (Otan) que assumiu a tarefa. Foi esta a responsável, e não as Nações Unidas, principalmente porque os países ocidentais temiam — talvez com razão — que a Rússia vetasse as resoluções do Conselho de Segurança que ordenassem ações contra a Sérvia e isentassem os outros participantes do conflito.

As mesmas questões surgiram ainda mais claramente quando chegou a vez da intervenção dos Estados Unidos no Iraque, com uma suposta coalizão de voluntários. Os Estados Unidos tentaram obter o endosso do Conselho de Segurança para a ação militar, mas quando ficou patente que só conseguiriam quatro dos quinze votos necessários para uma resolução favorável, retiraram a proposta de resolução e decidiram avançar sozinhos, sem a legitimação da ONU. Sendo assim, a pergunta de Las Casas torna-se ainda mais importante: com que direito os Estados Unidos assumem a jurisdição dessa arena, numa situação em que grande número de países do mundo se opõe abertamente a seus atos? A resposta do governo dos EUA foi dupla. De um lado, alegou legítima defesa, sob o pretexto de que o governo iraquiano constituía uma ameaça iminente aos Estados Unidos e ao mundo, de seu suposto estoque de armas de destruição em massa e de sua suposta disposição em dividir essas armas com "terroristas" não oficiais. Depois, esse argumento se desfez à luz das informações pós-invasão de que o governo iraquiano não possuía armas de destruição em massa e da contestação generalizada da tese de que, se Saddam Hussein tivesse tais armas, estaria disposto a dividi-las com "terroristas" não oficiais.

Em vista da debilidade da argumentação, o governo dos EUA voltou à tese de que Saddam Hussein era um homem mau, que cometera crimes contra a humanidade e que, portanto, tirá-lo do poder seria um bem moral. E nesse ponto surge a questão não só da verdade dessas asserções como, sobretudo, da jurisdição, assim como da verificação de que os crimes morais de Saddam Hussein tenham sido o verdadeiro motivo da intervenção estrangeira, dado o apoio anterior dos EUA e de outros governos a Saddam justamente na época em que cometeu os atos que formavam a base de sua acusação.

Mais uma vez, nessa situação como em praticamente todas as outras, o argumento mais forte em favor das intervenções foi a defesa dos inocentes: os muçulmanos inocentes que estavam sendo estuprados e chacinados na Bósnia e os kosovares inocentes que estavam sendo expulsos de suas terras e perseguidos até as fronteiras, além dos curdos e xiitas inocentes que estavam sendo oprimidos e mortos por Saddam Hussein. O que aprendemos com a terceira resposta de Las Casas a Sepúlveda? Las Casas insistia no princípio do "mal menor". Ainda que todas as acusações fossem absolutamente corretas, a punição não seria mais nociva do que benéfica? O princípio do mal menor é a aplicação ao fenômeno social coletivo, realizada por Las Casas, da antiga advertência do juramento de Hipócrates feito por médicos: "Não cause o mal!".

No caso dos conflitos balcânicos, talvez se possa dizer que foi um mal menor. A violência ativa foi muitíssimo reduzida. Por outro lado, a limpeza étnica não foi eliminada nem revertida em grande escala; ao contrário, seu resultado foi mais ou menos institucionalizado. Não houve nenhuma ou quase nenhuma devolução de propriedade nem restituição do direito de residência. E os sérvios do Kosovo com certeza se sentiram em pior situação do que antes. Podemos perguntar se a situação não terminaria do mesmo jeito mesmo sem a intervenção externa. Mas não se pode afirmar com razão que a situação tenha piorado sensivelmente.

No entanto, é possível afirmar tal coisa no caso da intervenção no Iraque. É claro que Saddam Hussein e o partido Baath não foram mantidos no poder e não puderam dar continuidade aos atos de opressão a que se dedicavam anteriormente. Mas o país sofreu com grande número de fatores negativos que não existiam antes da intervenção externa. O bem-estar econômico dos cidadãos provavelmente diminuiu. A violência cotidiana aumentou enormemente. O país tornou-se porto seguro para aquele tipo de militante islâmico contra o qual a ação supostamente se dirigia e que não conseguia atuar de fato no país antes da intervenção. E a situação civil das mulheres iraquianas ficou muito pior. Pelo menos cem mil iraquianos morreram e muitos mais ficaram gravemente feridos desde a intervenção. Com certeza é impossível invocar aqui o princípio do mal menor.

O último argumento de Sepúlveda era o direito e o dever de evangelizar e os supostos obstáculos interpostos pelos ameríndios.

O equivalente no século XXI é o direito e o dever de espalhar a democracia. Esta tem sido uma das principais teses do governo dos EUA e do Reino Unido, invocada principalmente pelos intelectuais neoconservadores norte-americanos e pelo primeiro-ministro Tony Blair. Las Casas insistia que não havia sentido em evangelizar pela força, que a conversão ao cristianismo tinha de ocorrer por adesão voluntária vinda do íntimo do convertido e que a força era contra indicada.

O mesmo argumento foi apresentado nas críticas à intervenção nos Bálcãs e no Iraque, na medida em que se justificava como promoção da democracia. A questão era como medir a conversão aos valores democráticos. Para os interventores, isso parecia significar essencialmente dispor-se a realizar eleições das quais vários partidos ou facções pudessem participar com um mínimo grau de civilidade e possibilitar uma campanha pública. Essa é uma definição bem limitada de democracia. Mesmo nesse nível mínimo, não é possível ter certeza de que isso tenha sido alcançado de forma durável em alguma das regiões.

No entanto, quando democracia quer dizer algo mais amplo, como o controle genuíno da tomada de decisões pela maioria da população na estrutura governamental, a capacidade real e constante de qualquer tipo de minoria exprimir-se política e culturalmente e a aceitação da legitimidade e da necessidade constante do debate político aberto, parece bastante claro que essas condições precisam amadurecer internamente nos diversos países e regiões e que, em geral, a intervenção externa é contra indicada por associar o conceito de democracia ao controle externo e aos fatores negativos provocados pela intervenção.

A pergunta "quem tem o direito de intervir?" vai direto ao cerne da estrutura moral e política do sistema-mundo moderno. Na prática, a intervenção é um direito apropriado pelos fortes. Mas é um direito difícil de legitimar e, portanto, está sempre sujeito a questionamentos políticos e morais. Os interventores, quando questionados, sempre recorrem a uma justificativa moral: a lei natural e o cristianismo no século XVI, a missão civilizadora no século XIX e os direitos humanos e a democracia no final do século XX e início do século XXI.

A argumentação contra a intervenção vem sempre de duas fontes: os que alimentam dúvidas morais entre o povo mais forte (os que invocam os argumentos de Las Casas) e os que resistem politicamente entre os que sofrem a intervenção. A argumentação moral dos interventores é sempre maculada pelo interesse material daqueles que têm a ganhar com a intervenção. Por outro lado, os que têm dúvidas morais sempre parecem justificar ações que, diante de seus próprios valores, são nefastas. A argumentação dos líderes políticos dos que sofrem a intervenção é sempre questionada como reflexo de seus estreitos interesses e não dos interesses do povo que lideram.

Mas essa ambiguidade faz parte do arcabouço dos valores dos interventores aceitos como universais. No entanto, quando se observa que esses valores são criação social dos estratos dominantes de um sistema-mundo específico, a questão revela-se de modo mais fundamental. O que estamos usando como critério não é o universalismo global, mas o universalismo europeu, conjunto de doutrinas e pontos de vista éticos que derivam do contexto europeu e ambicionam ser valores universais globais – aquilo que muitos de seus defensores chamam de lei natural – ou como tal são apresentados. Isso justifica, ao mesmo tempo, a defesa dos direitos humanos dos chamados inocentes e a exploração material a que os fortes se consagram. É uma doutrina moralmente ambígua. Ela ataca os crimes de alguns e passa por cima dos crimes de outros, apesar de usar os critérios de uma lei que se afirma natural.

Não é que não possa haver valores universais globais. A questão é que ainda estamos longe de saber quais são esses valores. Os valores universais globais não estão dados; eles são criados por nós. A criação de tais valores é o maior empreendimento moral da humanidade. Mas só poderá concretizar-se quando formos capazes de ir além do ponto de vista ideológico dos fortes e de chegar a uma verdadeira apreciação conjunta (e, portanto, mais próxima de ser global) do bem. No entanto, a apreciação global exige uma base concreta diferente, uma estrutura muito mais igualitária do que todas as que construímos até hoje.

Algum dia poderemos nos aproximar de uma base comum como essa – talvez até num dia próximo. Isso depende de como o mundo sairá da atual transição do sistema-mundo vigente para outro, que pode ou não ser melhor. Mas até assimilarmos essa transição e chegarmos a esse mundo mais igualitário, as restrições céticas pregadas por Las Casas a nossa impulsiva arrogância moral provavelmente nos serão mais úteis do que as certezas morais em causa própria dos Sepúlvedas deste mundo. Estabelecer restrições legais a crimes contra a humanidade tem pouca virtude se essas restrições não puderem ser aplicadas igualmente aos poderosos e aos vencidos.

O Conselho das Índias que se reuniu em Valladolid não deu seu veredicto. Sendo assim, Sepúlveda venceu. Como ainda não há veredicto, Sepúlveda ainda vence a curto prazo. Os Las Casas deste mundo foram condenados por ingenuidade, por facilitar o mal, por ineficiência. Mas ainda assim têm algo a nos ensinar: certa humildade em nossa correção moral, apoio concreto aos oprimidos e perseguidos, busca constante de um universalismo global que seja verdadeiramente coletivo e, portanto, verdadeiramente global.

2

É POSSÍVEL SER NÃO ORIENTALISTA?
O PARTICULARISMO ESSENCIALISTA

No século XVIII, as questões debatidas por Sepúlveda e Las Casas não eram mais alvo de discussões ferozes. O mundo europeu havia se acomodado na aceitação global da legitimidade do domínio colonial na América e em outras partes do mundo. À medida que o debate público sobre as regiões coloniais prosseguia, a discussão concentrou-se principalmente no direito à autonomia dos colonos europeus nessas regiões, e não no modo como os europeus deveriam se relacionar com a população indígena. Ainda assim, os europeus, com sua expansão, suas viagens e seu comércio, entraram cada vez mais em contato com populações de regiões — sobretudo da Ásia — que a partir do século XIX passaram a ser chamadas de regiões de "civilizações avançadas", conceito que incluía, entre outros, China, Índia, Pérsia e Império Otomano.

Todas eram regiões onde grandes estruturas burocráticas, do tipo que costumamos chamar de impérios, haviam sido construídas em alguma época. Esses impérios mundiais tinham cada um sua língua franca, com escrita e literatura própria. Todos professavam uma religião única, que parecia predominar em toda a região e gozavam de considerável riqueza. Como no século XVIII as potências europeias, em sua maioria, ainda não tinham condições de se impor militarmente nessas regiões, não sabiam ao certo o que pensar delas. A postura inicial era de curiosidade e respeito limitado, como se tivessem alguma coisa a aprender. Assim, essas regiões entraram para a consciência europeia como pares distantes, possíveis parceiros e inimigos potenciais (em termos metafísicos e militares). Foi nesse contexto que, em 1721, o barão de Montesquieu publicou o livro *Cartas persas*.

Trata-se de um conjunto de cartas fictícias, escritas supostamente não por viajantes europeus na Pérsia, mas por viajantes persas na Europa, em especial em Paris. Na carta trinta, Rica escreve aos seus que os parisienses são fascinados pela roupa exótica que usa. Por se incomodar com isso, diz que adotou vestimentas europeias para se misturar à multidão. "Livre de todos os adornos estrangeiros, vi-me apreciado com justiça." Mas às vezes, diz ele, alguém o reconhecia e contava aos outros que ele era persa. A reação imediata era: "Ah! ah! O senhor é persa? Que coisa extraordinária! Como é possível ser persa?"[1].

Essa é uma pergunta famosa, que desde então incomodou a mente europeia. O mais extraordinário no livro de Montesquieu é que não há resposta à indagação. Com o pretexto de escrever sobre os costumes persas, Montesquieu estava interessado na verdade em discutir os costumes europeus. Exprimiu sua opinião por meio de comentadores persas fictícios como mecanismo de defesa para fazer a crítica social de seu próprio mundo. Foi tão cauteloso que publicou o livro anonimamente e na Holanda, na época centro de relativa liberdade cultural.

Apesar da ignorância social europeia a respeito do mundo das chamadas civilizações orientais avançadas, a expansão da economia-mundo capitalista provou ser inexorável. O sistema-mundo dominado pela Europa espalhou-se a partir da base euro-americana para abranger cada vez mais regiões do mundo e incorporá-las a sua divisão de trabalho. A dominação, ao contrário do mero contato, não tolera ideias de paridade cultural. O dominante precisa sentir que se justifica moral e historicamente como grupo dominante e principal receptor do excedente econômico produzido dentro do sistema. Assim, a curiosidade e a vaga sensação de se poder aprender alguma coisa no contato entre europeus e as chamadas civilizações avançadas deram lugar à necessidade de explicar por que essas regiões deveriam ser política e econo-

---

[1] Barão de Montesquieu, *Cartas Persas*, p. 51-2.

micamente subordinadas à Europa, embora fossem consideradas civilizações "avançadas".

A base da explicação desenvolvida era de uma simplicidade notável. Só a "civilização" europeia, com raízes no mundo greco-romano antigo (e para alguns também no mundo do Velho Testamento), poderia produzir a "modernidade" – palavra que abarca uma mistura de costumes, normas e práticas que floresceram na economia-mundo capitalista. E como se dizia que, por definição, a modernidade era a encarnação dos verdadeiros valores universais, do universalismo, ela não seria meramente um bem moral, mas uma necessidade histórica. As civilizações avançadas não europeias deviam ter, ou deviam ter tido, algo incompatível com a marcha humana rumo à modernidade e ao verdadeiro universalismo. Ao contrário da civilização europeia, que se afirmava inerentemente progressista, as outras civilizações avançadas pararam em algum ponto de sua trajetória e, portanto, foram incapazes de se transformar numa versão da modernidade sem a intromissão de forças externas (ou seja, europeias).

Essa foi a tese apresentada pelos especialistas europeus que estudaram essas civilizações avançadas, principalmente no século XIX. Estes eram chamados de orientalistas porque eram do ocidente, o lugar da modernidade. Os orientalistas formavam um grupo pequeno e corajoso. Não era fácil ser orientalista. Como esses especialistas estudavam civilizações avançadas que possuíam literatura escrita e religião diferente (chamada de religião mundial, mas diferente do cristianismo), o orientalista tinha de aprender uma língua difícil para os europeus e examinar textos densos e culturalmente distantes, caso quisesse compreender, em certo sentido, o que o povo dessa estranha civilização pensava sobre o mundo e sobre si mesmo. Diríamos hoje que o orientalista tinha de ser hermeneuticamente empático. Durante o século XIX e a primeira metade do século XX, não havia muitos desses especialistas e praticamente todos eram europeus ou norte-americanos.

Só depois de 1945 é que os argumentos e as premissas culturais desse grupo de especialistas passaram a ser submetidos a críticas atentas. É claro que a razão para isso acontecer naquele momento é óbvia. Depois de 1945, a geopolítica do sistema-mundo mudou muito. A guerra contra o nazismo maculou o racismo essencialista que levou os nazistas a conclusões tão terríveis. E, ainda mais importante, o mundo não europeu, sobre o qual escreviam os orientalistas, iniciou uma revolta política declarada contra o controle ocidental de seus países. Houve revoluções anticoloniais em toda a Ásia e África e ocorreram transformações político-culturais na América Latina.

Em 1963, Anouar Abdel-Malek publicou um artigo em que descrevia o impacto dessas mudanças políticas no mundo acadêmico. Intitulou-o "Orientalismo em crise". Ele analisou ali as duas principais premissas históricas dos orientalistas. Argumentou que, no nível da problemática, os orientalistas constituíram uma entidade abstrata, o Oriente, como objeto de estudo. E no nível da temática, adotaram um conceito essencialista desse objeto. Na época, o ataque de Abdel-Malek a ambas as premissas foi considerado intelectualmente (e politicamente) radical, embora hoje nos pareça quase lugar-comum:

> Assim chegamos a uma tipologia baseada numa especificidade real, mas afastada da história e, portanto, concebida como intangível e essencial. Ela converte o "objeto" estudado em outro, em relação ao qual o sujeito que estuda é transcendente; teremos *homo Sinicus*, *homo Africanus*, *homo Arabicus* (e por que não homo *Ægypticus?*), enquanto o homem, o homem "normal", é o homem europeu do período histórico que data da Antiguidade grega. Podemos, portanto, ver claramente como, entre os séculos XVIII e XX, a hegemonia das minorias possuidoras revelada por Marx e Engels e o antropocentrismo desmantelado por Freud seguem de mãos dadas com o eurocentrismo nas ciências humanas e sociais, principalmente naquelas que têm relação direta com os povos não europeus.[2]

No entanto, além de um pequeno grupo de especialistas, Abdel-Malek não foi muito lido no mundo pan-europeu. Foi o livro publicado quinze anos depois por Edward W. Said, *Orientalismo*, que estimulou o amplo debate cultural sobre o Orientalismo como modo de conhecimento e interpretação da realidade das regiões não ocidentais do mundo moderno.

O livro de Said é um estudo do campo acadêmico do Orientalismo, especificamente da parte que trata do mundo árabe-islâmico. Mas também, o que é mais importante, é um estudo do que

---

[2] Anouar Abdel-Malek, *Social Dialectis: Civilisations and Social Theory*, p. 77-8.

Said chama de "significado mais geral" de Orientalismo, "estilo de pensamento baseado numa distinção ontológica e epistemológica feita entre 'o Oriente' e (na maior parte do tempo) 'o Ocidente'"[3]. No entanto, ele considera o Orientalismo mais do que um estilo de pensamento. Afirma que é também

> a instituição autorizada a lidar com o Oriente [...], disciplina extremamente sistemática por meio da qual a cultura europeia foi capaz de manejar – e até produzir – o Oriente política, sociológica, militar, ideológica, científica e imaginativamente durante o período do pós-Iluminismo.[4]

E acrescenta: "Dizer simplesmente que o Orientalismo foi uma racionalização do regime colonial é ignorar até que ponto o regime colonial foi justificado de antemão pelo Orientalismo"[5]. Afinal, "o Orientalismo é, no fundamental, uma doutrina política, imposta ao Oriente porque esse era mais fraco que o Ocidente"[6].

Além disso, em sua opinião, o Orientalismo, como modo de pensamento, fecha-se em si mesmo e não se abre para o questionamento intelectual:

> O orientalista examina o Oriente a partir de uma posição superior, com o objetivo de tomar conta de todo o panorama que se espraia à sua frente – cultura, religião, mentalidade, história, sociedade.

---

[3] Edward W. Said, *Orientalismo*, p. 29.
[4] Ibidem.
[5] Ibidem, p. 72.
[6] Ibidem, p. 277.

70 · O UNIVERSALISMO EUROPEU

> Para tal fim, ele deve ver todo detalhe por meio do estratagema de um conjunto de categorias redutoras (os semitas, a mentalidade muçulmana, o Oriente, e assim por diante). Como essas categorias são antes de mais nada esquemáticas e eficientes, e como mais ou menos se supõe que nenhum oriental pode conhecer a si mesmo assim como um orientalista o conhece, qualquer visão do Oriente, em última análise, busca sua coerência e força apoiando-se na pessoa, na instituição ou no discurso a que essa visão pertence. Qualquer visão abrangente é fundamentalmente conservadora, e temos observado, na história das ideias sobre o Oriente Próximo no Ocidente, como essas ideias têm-se mantido a despeito de qualquer evidência que as conteste. (Na verdade, podemos argumentar que essas ideias produzem evidências que provam a sua validade.)[7]

No posfácio do livro, escrito quinze anos depois da primeira edição, Said afirma que a raiva e a resistência enfrentadas por seu livro e por outros que apresentavam argumentos semelhantes deviam-se exatamente ao fato de que "parecem solapar a crença ingênua na positividade incontestável e na historicidade imutável de uma cultura, um eu, uma identidade nacional"[8].

E daí, segundo Said? Ele termina seu livro insistindo que "a resposta ao Orientalismo não é o Ocidentalismo"[9]. E na reflexão sobre seu próprio livro e sobre a recepção que teve, insiste em uma distinção entre o pós-colonialismo, com o qual se identificava, e o

---

[7]   Ibidem, p. 322.

[8]   Ibidem, p. 442.

[9]   Ibidem, p. 437.

pós-modernismo, que criticava pela ênfase no desaparecimento das narrativas grandiosas. Ao contrário dos artistas e especialistas pós-coloniais, Said argumenta que:

> As grandes narrativas permanecem, ainda que sua implementação e realização estejam em compasso de espera, adiadas ou malogradas. Essa diferença crucial entre os imperativos histórico e político do pós-colonialismo e o relativo distanciamento do pós-modernismo contribui para abordagens e resultados totalmente diferentes, embora haja alguma coincidência parcial entre eles (na técnica do "realismo mágico", por exemplo).[10]

Montesquieu fez a pergunta: "Como é possível ser persa?", mas na verdade não estava interessado em respondê-la. Ou melhor, o que na verdade lhe interessava esmiuçar eram os modos alternativos de ser europeu. Essa é uma preocupação perfeitamente legítima. Mas indica certa indiferença pela questão real de como podemos alcançar um equilíbrio adequado entre o universal e o particular. É claro que Montesquieu era europeu, escrevia em um contexto e estado de espírito europeus e não tinha muitas dúvidas sobre a realidade dos valores universais, embora tivesse dúvidas sobre como os outros, na Europa, apresentavam o conjunto dos valores universais.

Said, ao contrário, era o exemplo típico do híbrido, à margem de várias identidades. Era acadêmico humanista de excelente formação, especialista em literatura inglesa e produto (e professor)

---

[10] Ibidem, p. 463.

do sistema universitário ocidental. Mas também era, por origem e lealdade (emocional e política), palestino, ofendidíssimo com as implicações intelectuais e políticas do Orientalismo como "estilo de pensamento". Sustentava que não havia como ser persa, porque o conceito estilizado, o essencialista singular, era invenção do arrogante observador ocidental. Mas recusava-se a substituir o Orientalismo pelo Ocidentalismo e ficava consternado com alguns usos dados a suas análises por pessoas que o citavam como referência.

O próprio Said fez uso explícito do conceito de discurso de Foucault, de seu vínculo íntimo com as estruturas de poder e de sua reflexão sobre elas. Disse-nos que o discurso essencialista do Orientalismo estava longe da realidade das regiões a que se referia, principalmente porque essa realidade era vista e vivida por subalternos estudados e catalogados pelos poderosos do mundo. De fato, dizia-nos que as palavras, conceitos e conceituações têm importância, que nosso arcabouço de conhecimentos é o fator causal da construção de instituições sociais e políticas desiguais — o fator causal, mas de modo algum o único. Conclamava-nos a não rejeitar as narrativas grandiosas, mas, ao contrário, a voltar a elas, pois se acham apenas "em compasso de espera, adiadas ou malogradas".

Quando retornamos às grandes narrativas, parece-me que enfrentamos duas questões diferentes. Uma é avaliar o mundo, eu diria o sistema-mundo, em que vivemos e a pretensão dos que estão no poder de ser os únicos detentores e implementadores dos valores universais. A segunda é cogitar se realmente existem valores universais e, caso existam, quando e em que condições podemos vir a conhecê-los. Gostaria de abordar essas duas questões em sequência.

Em certo sentido, todos os sistemas históricos conhecidos afirmaram basear-se em valores universais. O sistema mais voltado para si mesmo, mais solipsista, normalmente diz agir da única maneira possível, ou a única maneira aceitável para os deuses. "Ah! ah! O senhor é persa? Que coisa extraordinária! Como é possível ser persa?" Ou seja, o povo de um dado sistema histórico dedica-se a práticas e apresenta explicações que justificam essas práticas porque acreditam (aprenderam a acreditar) que tais práticas e explicações são a norma do comportamento humano. Essas práticas e crenças tendem a ser consideradas evidentes por si sós e normalmente não são tema de reflexão nem de dúvida. Ou, pelo menos, considera-se heresia ou blasfêmia duvidar delas e mesmo refletir a seu respeito. As raras pessoas que questionariam as práticas e justificativas do sistema social histórico em que vivem são não apenas corajosas como bastante temerárias, já que o grupo com certeza se voltará contra elas e com frequência as punirá como aberrações que não se podem permitir. Assim, podemos começar com o argumento paradoxal de que não há nada tão etnocêntrico, tão particularista quanto a pretensão ao universalismo.

Ainda assim, o que é estranho no sistema-mundo moderno — o que lhe é realmente próprio — é que essa dúvida é legítima, em termos teóricos. Digo em termos teóricos porque, na prática, os poderosos do sistema-mundo moderno tendem a mostrar as garras da repressão ortodoxa sempre que a dúvida chega ao ponto de minar eficazmente algumas premissas fundamentais do sistema.

Vimos isso no debate entre Sepúlveda e Las Casas. Este levantou dúvidas sobre a suposta implementação de valores universais pregada por Sepúlveda e praticada pelos conquistadores e encomenderos na América. Com certeza Las Casas teve o cuidado de jamais questionar a legitimidade dos atos da Coroa espanhola propriamente dita. Na verdade, apelou para a Coroa para apoiar sua leitura dos valores universais, leitura que dava muito espaço às práticas particularistas das populações indígenas da América. Mas é claro que seguir a linha da argumentação apresentada por Las Casas poria em questão, mais cedo ou mais tarde, toda a estrutura de poder do imperador. Daí sua hesitação e a indecisão dos juízes da Junta de Valladolid. Daí, na prática, o enterro das objeções de Las Casas.

E quando os mestres europeus que dominavam o sistema-mundo moderno encontraram os "persas", reagiram primeiro com espanto — "Como é possível ser persa?" — e depois com justificativas, considerando a si mesmos portadores exclusivos dos únicos valores universais. Essa é a história do Orientalismo como "estilo de pensamento" que primeiro Abdel-Malek e depois Said se esforçaram em analisar e denunciar.

Mas o que mudou no sistema-mundo do fim do século XX para possibilitar a Said fazer isso e encontrar grande público para suas análises e denúncias? Abdel-Malek deu a resposta. Ao clamar por uma "revisão crítica" do Orientalismo, disse:

Toda ciência rigorosa que aspire à compreensão tem de submeter--se a essa revisão. Mas foi o ressurgimento das nações e dos povos da Ásia, da África e da América Latina, nas duas últimas gerações, que produziu essa crise de consciência retardada e ainda relutante. A exigência de bons princípios tornou-se necessidade prática inevitável, resultado da influência (decisiva) do fator político, ou seja, da vitória dos vários movimentos de libertação nacional em escala mundial.

No momento, foi o Orientalismo que sofreu o maior impacto; desde 1945, não foi somente o "terreno" que lhe escorregou das mãos, mas também os "homens", aqueles que ontem ainda eram "objeto" de estudo e que hoje são seu "sujeito" soberano.[11]

A revisão crítica que Abdel-Malek e outros exigiam em 1963 teve seu efeito inicial sobre o recluso campo acadêmico dos próprios orientalistas profissionais. Em 1973, apenas dez anos depois, o Congresso Internacional de Orientalistas sentiu-se obrigado a mudar seu nome para Congresso Internacional de Ciências Humanas na Ásia e no Norte da África. É claro que isso só aconteceu depois de acalorado debate e, mais dez anos depois, o grupo buscou recuperar o equilíbrio mudando novamente o nome para Congresso Internacional de Estudos Asiáticos e Norte-Africanos. Mas a palavra "orientalista" não foi ressuscitada.

O que Said fez foi sair desse campo recluso. Ele agiu no campo mais amplo do debate intelectual geral. Seguiu a onda da revolta intelectual generalizada que se refletiu nos protestos mundiais

---

[11] Abdel-Malek, op. cit., p. 73.

de 1968 e foi por eles estimulada. Sendo assim, ele não falava unicamente aos orientalistas. Ao contrário, falava a dois públicos mais vastos. De um lado, dirigia-se a todos os envolvidos direta ou indiretamente nos vários movimentos sociais que surgiram a partir de 1968 e que, na década de 1970, se voltaram de maneira mais específica para as questões relativas às estruturas do saber. Said enfatizava o enorme perigo intelectual, moral e político das categorias binárias reificadas, tão profundamente incrustadas na geocultura do sistema-mundo moderno. Dizia que devíamos todos bradar que não existem persas essenciais, imutáveis (particulares), aos quais faltem a compreensão dos únicos valores e práticas ditos universais.

Mas Said também se dirigia a um segundo público: todas as pessoas boas e honestas das instituições de saber e as vastas instituições sociais que habitamos. Aconselhava que se tivesse cuidado com os falsos deuses dos supostos universalismos que não só mascaram as estruturas de poder e suas desigualdades como são os principais promotores e mantenedores das polarizações imorais vigentes. Na verdade, Said pedia a essas pessoas boas e honestas uma interpretação diferente dos supostos valores universais. Nesse sentido, repetia a longa luta de Las Casas. E morreu com o mesmo sentimento de frustração e incompletude de Las Casas nessa empreitada. Para avaliar a natureza da busca do verdadeiro equilíbrio (intelectual, moral e político) entre o universal e o particular, é necessário considerar com quem Said discutia. Em primeiro lugar, e com mais clamor e paixão, discutia com os poderosos do mundo e seus acólitos intelectuais, que não só justificavam as desigualdades básicas do sistema-mundo — que a Said pareciam tão patentemente injustas —, como também gozavam dos frutos dessas desigualdades.

Said dispôs-se a entrar não só em uma batalha intelectual como também em uma contestação política direta. Integrou o Conselho Nacional Palestino e teve participação ativa em suas deliberações. Foi voz importante a favor de a Organização pela Libertação da Palestina (OLP) rever suas antigas pretensões em relação ao mandato britânico e reconhecer o direito de Israel a existir com as fronteiras de 1967, ao lado de um Estado palestino independente. Como sabemos, essa foi a posição que a OLP acabou adotando nos Acordos de Oslo, em 1993. Mas, dois anos depois, quando Yasser Arafat assinou o segundo acordo com os israelenses, afirmando que implementaria a posição revista da OLP, Said achou que o acordo estava longe de ser igualitário. Acusou-o de ser "o Versalhes palestino". Não teve medo de adotar posições contrárias que o deixaram malvisto em boa parte do mundo árabe. Por exemplo, denunciou o revisionismo do Holocausto, o regime Baath iraquiano numa época em que este ainda era apoiado por Washington e a corrupção em vários governos árabes. Dito isso, porém, era defensor intransigente do Estado palestino.

Said teve uma terceira briga, menos ruidosa mas igualmente sincera e franca. Foi a discussão com os pós-modernistas que, segundo ele, haviam abandonado a busca da análise intelectual e, portanto, da transformação política. Para ele, esses três aspectos faziam parte da mesma busca: seus ataques aos acadêmicos orientalistas, sua insistência numa posição política firme e moralmente coerente sobre a Palestina e sua relutância em abandonar as narrativas grandiosas em troca do que considerava jogos intelectuais sem substância nem importância.

Assim, devemos colocar o livro de Said no contexto de sua época: primeiro, a onda mundial de movimentos de libertação nacional nos anos pós-1945 e, depois, os protestos mundiais de 1968, que foram a expressão da exigência dos povos esquecidos do mundo por seu lugar legítimo tanto nas estruturas de poder do sistema-mundo quanto nas análises intelectuais das estruturas do saber.

Pode-se resumir do seguinte modo o resultado de cinquenta anos de debate: as mudanças de poder no sistema-mundo deram fim às certezas simples sobre o universalismo que predominaram na maior parte da história do sistema-mundo moderno e que fortaleciam as oposições binárias enraizadas em nosso arcabouço cognitivo e serviam de justificativa política e intelectual para o modo de pensar dominante. O que ainda não conseguimos foi chegar a um consenso, ou mesmo a uma imagem clara, sobre o arcabouço alternativo que nos permitiria ser não orientalistas. Esse é o desafio que nos espera nos próximos cinquenta anos. Assim, chegamos à segunda pergunta que surge quando tentamos construir nossas narrativas grandiosas: será que existem de fato valores universais e, caso existam, quando e em que condições podemos vir a conhecê-los? Ou seja, como se pode ser não orientalista?

Vamos começar pelo início. Como alguém sabe se um valor é universal? Com certeza a resposta não é porque tem experiência universal/global. No século XIX, alguns antropólogos afirmavam que certas práticas eram adotadas por todos em todo o mundo. O exemplo mais comum era o tabu do incesto. No entanto, não foi difícil encontrar, em alguma época e lugar, exceções a essas práticas sociais consideradas globais. E, é claro, se houvesse de fato práticas minimamente semelhantes por toda parte, não haveria necessidade de nenhum tipo de proselitismo, seja religioso, secular ou político, já que o proselitismo pressupõe que há povos a converter, ou seja, gente que não pratica os valores que os proselitistas consideram universais.

Normalmente, diz-se que os valores universais são verdadeiros com base em duas coisas: foram-nos "revelados" por algo ou alguém — profeta, textos proféticos ou instituições que se afirmam legitimadas pela autoridade do profeta ou dos textos proféticos — ou foram "descobertos" como "naturais" pela percepção de pessoas ou grupos de pessoas excepcionais. Associamos as verdades reveladas às religiões, e as doutrinas da lei natural à filosofia moral ou política. O problema desses dois tipos de pretensão é evidente. Existem pretensões contrárias e bem conhecidas a qualquer definição específica de valor universal. Há muitíssimas religiões e conjuntos de autoridades religiosas e seus universalismos nem sempre são compatíveis entre si. E há muitíssimas versões de lei natural que estão regularmente em oposição direta.

Além disso, sabemos que aqueles que acreditam e defendem um conjunto de valores universais costumam ser apaixonados no que se refere à exclusividade da verdade que proclamam e bastante intolerantes a versões alternativas desses valores. Até mesmo a doutrina da tolerância intelectual e política à multiplicidade de opiniões é em si apenas mais um valor universal sujeito à contestação e de fato é frequentemente contestada por grupos dentro do sistema histórico em que vivemos.

É claro que, em termos intelectuais, podemos resolver essa incerteza adotando uma doutrina de relativismo radical e dizendo que todos os sistemas de valores, sem exceção, são criações subjetivas e que, portanto, todos têm igual validade, porque na verdade nenhum é universalmente válido. No entanto, o fato é que ninguém está disposto a defender de maneira coerente o relativismo radical. Por um lado, é uma pretensão contraditória em si mesma, já que o relativismo radical, por seus próprios critérios, seria apenas uma posição possível, tão válida quanto qualquer outro pretenso universalismo. Por outro, na prática todos temos limites em relação ao que nos dispomos a aceitar como comportamento legítimo, senão estaríamos vivendo num mundo anárquico que poria nossa sobrevivência em risco imediato. Ou, se houver alguém realmente disposto a defender essa posição de maneira coerente, é provável que fosse rotulado de psicótico e preso em nome da segurança. Portanto, deixo de fora o relativismo radical como posição plausível, já que não acredito que alguém realmente o defenda.

Mas quando não se aceita que os valores universais revelados ou deduzidos por pessoas sábias sejam necessariamente universais e tampouco se acredita que o relativismo radical seja posição plausível, o que se pode dizer sobre a relação entre valores universais e particulares, sobre as maneiras como se pode ser não orientalista? Afinal, somos perseguidos por várias encarnações de Orientalismo. Os que se exasperam com os universalismos eurocêntricos costumam achar tentador inverter a hierarquia e fazem-no de duas maneiras.

A primeira é o argumento de que as supostas realizações da Europa, as coisas que consideramos "modernidade", são aspirações comuns a várias civilizações, ao contrário das coisas específicas ao apego da Europa a valores universalistas – desde o século XVIII, XVI, XIII ou X, pouco importa. Acrescenta-se a isso o fato de que uma vantagem momentânea permitiu aos europeus interromper esse processo em outras partes do mundo e que isso explica as diferenças políticas, econômicas e culturais do presente. Trata-se de uma postura do tipo "poderíamos ter feito igual a vocês". Os "persas" poderiam ter conquistado a Europa e, então, eles é que perguntariam: "Ah! ah! O senhor é europeu? Que coisa extraordinária! Como é possível ser europeu?".

A segunda é inverter a hierarquia de outra maneira, levando essa linha de argumentação um pouco adiante. Muito antes dos europeus, os "persas" já faziam coisas que rotulamos de modernas ou que conduzem à modernidade. Por acaso os europeus ficaram algum tempo no comando, principalmente no século XIX e parte do século XX. Mas no longo prazo da história, foram os "persas" e não os europeus o exemplo de valores universais. Portanto, deveríamos reescrever a história do mundo para deixar claro que, durante a maior parte do tempo, a Europa foi uma região marginal e é provável que esteja fadada a continuar assim.

Esses argumentos são o que Said chamava de "Ocidentalismo" e que chamei de "eurocentrismo antieurocêntrico"[12]. É Ocidentalismo porque se baseia nas mesmas distinções binárias que Said atacava. E é eurocentrismo antieurocêntrico porque aceita inteiramente a definição do arcabouço intelectual que os europeus impuseram ao mundo moderno, ao invés de reabrir por completo as questões epistemológicas.

É mais útil começar essa análise de um ponto de vista realista. Há de fato um sistema-mundo moderno diferente de todos os anteriores. Trata-se de uma economia-mundo capitalista que nasceu no longo século XVI, na Europa e na América. E, assim que conseguiu se consolidar, seguiu sua lógica interna e sua necessidade estrutural de se expandir geograficamente. Desenvolveu a competência militar e tecnológica para conseguir isso e, portanto, incorporou uma após outra todas as partes do mundo até abarcar o globo inteiro em certo momento do século XIX. Além disso, esse sistema-mundo funciona segundo princípios bem diferentes dos sistemas-mundo anteriores, embora este não seja nosso tema aqui[13].

---

[12] Immanuel Wallerstein, "Eurocentrismo e seus avatares" em *O fim do mundo como o concebemos*, p. 205-21.

[13] Idem, *O capitalismo histórico, seguido de A civilização capitalista*.

Entre as especificidades da economia-mundo capitalista está o desenvolvimento de uma epistemologia original, usada como elemento básico para manter a capacidade de funcionar. É essa epistemologia que venho discutindo, que Montesquieu relatou em suas *Cartas persas* e que Said atacou com tanto vigor em *Orientalismo*. É o sistema-mundo moderno que reificou as distinções binárias, principalmente aquela entre o universalismo (que se afirmava encarnado nos elementos dominadores) e o particularismo (atribuído a todos os que eram dominados).

Mas depois de 1945 esse sistema-mundo ruiu sob violento ataque interno. Foi parcialmente desmantelado pelos movimentos de libertação nacional e depois pelos protestos mundiais de 1968. Sua capacidade de continuar a acumular capital indefinidamente − e que é sua razão de ser − também sofreu enfraquecimento estrutural[14]. E isso significa que somos conclamados não só a substituir esse sistema-mundo moribundo por outro visivelmente melhor como também a refletir sobre como podemos reconstruir nossas estruturas de saber de maneira que possamos ser não orientalistas.

Ser não orientalista significa aceitar a tensão contínua entre a necessidade de universalizar nossa percepção, análise e declarações de valor e a necessidade de defender as raízes particularistas destas contra a invasão da percepção, análise e declarações de valor particularistas de outros que afirmam propor valores universais.

---

[14] Idem, *Utopística, ou As decisões históricas do século vinte e um.*

É preciso que universalizemos nossos valores particulares e, ao mesmo tempo, que particularizemos nossos valores universais, num tipo de troca dialética constante que nos permita encontrar novas sínteses que, naturalmente, são instantaneamente questionadas. Não é um jogo fácil.

3
COMO SABER A VERDADE?
O UNIVERSALISMO CIENTÍFICO

Há dois modos de universalismo em disputa no mundo moderno. O Orientalismo é um deles: o modo de perceber particulares essencialistas. Suas raízes são uma versão específica de humanismo. Sua qualidade universal não é um conjunto único de valores, mas sim a permanência de um conjunto de particularismos essenciais. O modo alternativo é o oposto: o universalismo científico e a asserção de regras objetivas que governam todos os fenômenos a todo instante. Desde a segunda metade do século XVIII, pelo menos, o modo humanista sofre violento ataque. Muitos passaram a perceber a fraqueza inerente às pretensões do universalismo humanista. O humanismo dominante no mundo moderno – valores cristãos ocidentais, transformados em valores do Iluminismo – era, em termos cognitivos, uma doutrina que validava a si mesma e, portanto, podia ser tachada de mero conjunto subjetivo de assertivas. Tudo que fosse subjetivo parecia não ter permanência. Como tal, seus adversários diziam que ele não podia ser universal. Em consequência, a partir do século XIX, o outro principal estilo moderno de universalismo, o universalismo científico, ganhou força relativa em termos de aceitação social. Depois de 1945, o universalismo científico tornou-se inquestionavelmente a forma mais forte de universalismo europeu, de certo modo incontestável.

De onde veio o universalismo científico? O discurso do universalismo europeu sempre foi sobre certezas. No sistema-mundo moderno, a base teológica original da certeza sofreu um severo questionamento. E embora muitos tivessem uma visão dos valores universais baseada na verdade revelada pelos deuses, para outros – principalmente entre as elites sociais e intelectuais – os deuses foram substituídos por novas fontes de certeza. O discurso do Orientalismo tratava da certeza de particulares essencialistas – como se é persa, como se é "moderno". Mas quando esse discurso foi rejeitado como meramente subjetivo e, portanto, passível de questionamento (não mais certo), pôde ser substituído pelas certezas da ciência, encarnadas nas premissas newtonianas de linearidade, determinismo e reversibilidade temporal. Em termos culturais e políticos, isso foi traduzido pelos pensadores do Iluminismo como as certezas do progresso, principalmente o progresso do conhecimento científico e de suas aplicações tecnológicas.

Para entender a importância dessa revolução epistemológica — primeiro a criação e a consolidação do conceito das chamadas duas culturas e depois, dentro dele, o triunfo do universalismo científico — é preciso situá-la no interior da estrutura de nosso sistema-mundo moderno. Trata-se de uma economia-mundo capitalista. Está em vigor há uns quinhentos anos e expandiu-se a partir de seu locus inicial (partes da Europa mais partes da América) para abarcar, no século XIX, toda a Terra em sua órbita, tornando-se o único sistema histórico do planeta. Como todos os sistemas, tem vida: o período de origem, o período mais longo de funcionamento prosseguindo e sua atual crise estrutural terminal. No período de funcionamento normal, operou segundo determinadas regras ou restrições, dentro de determinadas fronteiras físicas que se expandiram com o tempo. Essas características nos permitem chamá-lo de sistema. No entanto, como todos os sistemas, evoluiu de maneira passível de observação, o que nos permite rotulá-lo de sistema histórico. Ou seja, sua descrição ao longo do trajeto, embora mantivesse algumas características sistêmicas básicas, sempre mudou ou evoluiu. Podemos descrever suas características sistêmicas em termos de ritmos cíclicos (mudanças que retornam ao equilíbrio, talvez um equilíbrio dinâmico) e sua evolução histórica em termos de tendências seculares (mudanças que se afastam do equilíbrio, para longe do equilíbrio).

Em virtude das tendências seculares, é inevitável que o sistema chegue a um ponto distante demais do equilíbrio para funcionar de maneira adequada. As oscilações do sistema, que antes voltavam ao equilíbrio dinâmico sem muita dificuldade, agora são mais confusas e caóticas. Foi a esse ponto que chegou nosso sistema-mundo hoje em dia. O sistema começou a se bifurcar, o que significa que pode seguir uma de pelos menos duas direções para encontrar nova estabilidade, numa nova ordem que será criada do caos e que não será apenas o antigo sistema transformado, mas algo totalmente novo. No entanto, o caminho que o processo seguirá é inerentemente imprevisível, pois resultará de um número infinito de dados que podemos chamar de aleatórios do ponto de vista macro, mas que envolverão uma série de escolhas individuais vistas do ponto de vista micro.

Permitam-me traduzir essa linguagem abstrata em uma análise rápida de por que isso significa que o sistema-mundo moderno está atualmente em crise sistêmica, de por que estamos vivendo uma época caótica e dividida e, portanto, estamos em termos coletivos, no meio de uma luta global sobre o tipo de sistema-mundo que queremos construir para substituir o sistema-mundo em colapso em que vivemos.

O princípio fundamental da economia-mundo capitalista é a acumulação incessante de capital. Essa é a sua razão de ser e todas as suas instituições se guiam pela necessidade de realizar esse objetivo, recompensar quem consegue e punir quem não consegue. É claro que o sistema se compõe de instituições que promovem esse fim, mais especificamente uma divisão axial de trabalho entre processos de produção centrais e periféricos, regulamentada por uma rede de Estados soberanos que funciona dentro de um sistema interestados. Mas ele também precisa de uma estrutura cultural-intelectual para funcionar direito. Essa estrutura tem três elementos principais: uma combinação paradoxal de normas universalistas e práticas racistas-sexistas; uma geocultura dominada pelo liberalismo centrista; e as estruturas de saber, raramente notadas mas fundamentais, baseadas em uma divisão epistemológica entre as chamadas duas culturas.

Não posso explicar em detalhes aqui o modo como essa rede de instituições interligadas vem funcionando[1]. Afirmarei simplesmente que o sistema funciona com extrema eficiência e sucesso quanto a seu objetivo condutor há uns quatrocentos ou quinhentos anos. Foi capaz de obter uma expansão extraordinária de tecnologia e riqueza, mas só foi capaz disso à custa de uma polarização cada vez maior do sistema-mundo entre os 20% superiores e os 80% inferiores, polarização essa que é ao mesmo tempo política, social e cultural.

O que é urgente observar é que as tendências seculares desse sistema fizeram com que, nos últimos anos, seus processos se

---

[1] Para uma visão geral sobre essas instituições, ver Immanuel Wallerstein, *World-Systems Analysis: An Introduction*. Há uma descrição histórica de seu desenvolvimento em Immanuel Wallerstein, *The Modern World-System*. Os dois primeiros volumes dessa obra podem ser lidos em português: *O sistema mundial moderno*.

aproximassem das assíntotas, o que torna impossível continuar a promover a acumulação incessante de capital. Para entender isso é preciso verificar o processo básico pelo qual os processos produtivos no sistema capitalista obtêm mais-valia/lucros que podem acumular como capital. Basicamente, os lucros de toda empresa são a diferença entre os custos de produção e o preço que o produto pode alcançar no mercado. Somente produtos relativamente monopolizados têm conseguido gerar lucros grandes, já que a competição força para baixo o preço dos produtos. Mas, para manter o nível de lucro, até os produtos monopolizados dependem do baixo custo da produção. Essa é a preocupação constante dos produtores.

Nesse sistema, há três tipos principais de custos de produção: mão de obra, insumos e tributação. É claro que cada um deles é um pacote complexo, mas é possível demonstrar que, em média, todos os três subiram ao longo do tempo como percentual do preço de venda possível e, consequentemente, há hoje uma constrição global do lucro, que ameaça a capacidade de continuar acumulando capital em ritmo significativo. Isso, portanto, vem minando a razão de ser do sistema capitalista e levou à crise estrutural em que nos encontramos. Discutirei rapidamente por que existe essa tendência secular de aumento dos três custos de produção.

O determinante fundamental do custo da mão de obra sempre foi a luta de classes, que é uma luta política tanto no local de trabalho quanto na arena política dos Estados. Nessa luta, o instrumentos básicos dos trabalhadores é a organização sindical.

O instrumento básico dos empregadores é sua capacidade de localizar outros trabalhadores dispostos a aceitar menor remuneração. Um instrumento secundário dos trabalhadores é que para os empregadores é vantajoso manter a produção constante e fixar-se em um só lugar enquanto houver mercado forte para seus produtos. Um instrumento secundário dos empregadores sempre foi sua capacidade de utilizar a máquina do Estado para reprimir as exigências dos trabalhadores.

O jogo funciona da seguinte maneira: enquanto há mercado amplo para o produto, o empregador prefere fixar-se ali e evitar a desorganização, cedendo, se necessário, às exigências de remuneração mais elevada por parte dos trabalhadores. Ao mesmo tempo, isso promove o surgimento de organizações de trabalhadores. Mas assim que o mercado do produto se restringe, o empregador passa a ter mais motivação para reduzir urgentemente o custo da mão de obra. Se a tática da repressão falha, o empregador pode pensar em mudar o processo de produção para uma região onde a remuneração da mão de obra é mais baixa.

Era possível encontrar esse tipo de região onde quer que houvesse grandes reservas de trabalhadores rurais dispostos a aceitar emprego assalariado mal remunerado, porque a renda real resultante era mais alta do que aquela obtida anteriormente pelos trabalhadores assalariados recém-empregados na região rural. Enquanto o mundo foi basicamente rural em termos demográficos, essas regiões sempre foram fáceis de encontrar. O único problema dessa solução era que, depois de um período de, digamos, vinte e cinco a cinquenta anos, os trabalhadores da nova região começavam a se organizar e a exigir remuneração mais alta e o empregador voltava à situação original. Na prática, o que aconteceu foi que, cedo ou tarde, o empregador repetia o deslocamento da produção para outra região. É possível demonstrar que esse deslocamento constante dos processos de produção funcionou bastante bem do ponto de vista dos empregadores. Hoje, no entanto, eles enfrentam um dilema novo e simples. As mudanças constantes levaram à desruralização do mundo, a ponto de restarem poucas áreas para onde transferir a produção. E isso significa inevitavelmente que, em média, o custo da remuneração tem subido no mundo todo.

Se nos voltarmos para o segundo custo de produção, o dos insumos, podemos ver que vem ocorrendo um processo paralelo. A principal forma de manter o custo dos insumos baixo era, para os produtores, não arcar com todo o seu custo. Essa ideia pode parecer absurda, mas foi fácil pô-la em prática por meio do que os economistas chamam, discretamente, de externalização do custo. Há três tipos de custo que os produtores têm conseguido jogar nas costas dos outros. O primeiro custo é o de neutralizar os resíduos perigosos gerados no processo de produção. Ao descartar simplesmente o resíduo ao invés de limpá-lo, os produtores se livravam de despesas consideráveis. O segundo custo que, tradicionalmente, não é considerado despesa a ser financiada pelo produtor é a substituição ou regeneração da matéria-prima. E o terceiro custo que o produtor não paga, ou no máximo paga em parte, é o da infraestrutura necessária para transportar os insumos até o local da produção e o produto acabado até o local da distribuição.

Quase sempre esses custos são postergados e, quando finalmente assumidos, é o Estado que paga por eles, o que na realidade significa que recaem em grande parte sobre pessoas outras que não os produtores que se beneficiaram dos insumos. Mas com o tempo essa manobra se tornou mais difícil. A poluição global chegou a tal nível que hoje há grande preocupação com o risco coletivo dos resíduos tóxicos e grande reivindicação social pela recuperação do meio ambiente. Na medida em que isso é feito, há a exigência de internalização dos novos custos de despoluição. O esgotamento global da matéria-prima levou à criação de substitutos mais caros. E o custo sempre crescente da infraestrutura levou à reivindicação de que os usuários assumam pelo menos parte dos custos. Todas as três respostas da sociedade tiveram como efeito o aumento significativo do custo dos insumos.

Finalmente, a tributação sobe sem parar por uma razão simples. O mundo está cada vez mais democratizado, em consequência tanto da pressão popular quanto da necessidade de atenuar essa pressão com o atendimento de algumas reivindicações materiais das camadas trabalhadoras do mundo. Essas reivindicações populares se referem basicamente a três coisas: instituições educacionais, assistência médica e garantia de renda vitalícia (aposentadoria por idade, seguro-desemprego, renda durante treinamento e assim por diante). O patamar dessas despesas está subindo cada vez mais, assim como a extensão geográfica de sua implementação. O resultado líquido é a imposição cada vez maior, de tributos sobre os produtores, no mundo todo.

É claro que os produtores têm reagido na arena política contra esse aumento de custos, buscando reduzir o custo da mão de obra, resistindo à internalização do custo de produção e diminuindo a carga tributária. É nisso que consiste o movimento "neoliberal" dos últimos vinte e cinco anos: uma tentativa de reverter os custos crescentes. As camadas capitalistas tiveram sucessos periódicos e repetidos nesse tipo de contra ofensiva. Mas a redução dos custos sempre foi menor do que seu aumento no período anterior, de modo que a curva geral é ascendente.

Mas o que a crise estrutural do sistema-mundo tem a ver com as estruturas de saber, os sistemas universitários do mundo e o universalismo científico? Tudo! As estruturas de saber não estão divorciadas do funcionamento básico do sistema-mundo moderno. São elemento essencial do funcionamento e da legitimação das estruturas políticas, econômicas e sociais do sistema. As estruturas do saber desenvolveram-se historicamente em formas úteis à manutenção do nosso sistema-mundo vigente. Examinaremos três aspectos das estruturas do saber no sistema-mundo moderno: o sistema universitário moderno, a linha divisória epistemológica entre as chamadas duas culturas e o papel especial das ciências sociais. Todos os três se construíram, em essência, no século XIX. E todos os três estão hoje em desalinho como consequência da crise estrutural do sistema-mundo moderno.

Falamos muitas vezes da universidade como instituição desenvolvida na Europa ocidental durante a Idade Média. É uma linda história e nos permite usar roupas bonitas nas cerimônias universitárias. Mas isso na verdade é um mito. A universidade europeia medieval, instituição clerical da Igreja Católica, basicamente desapareceu com o surgimento do sistema-mundo moderno. Do século XVI ao XVIII, sobreviveu apenas o nome, já que ela estava praticamente moribunda durante esse período. Com certeza não era o *locus* central da produção nem da reprodução de conhecimento naquela época.

É possível datar de meados do século XIX o ressurgimento e a transformação da universidade, embora o começo desse processo seja do final do século XVIII. As características principais que distinguem a universidade moderna daquela que existia na Europa durante a Idade Média são que a universidade moderna é uma instituição burocrática, com corpo docente remunerado em regime de dedicação integral, com algumas tomadas de decisão centralizadas sobre questões educacionais e, em sua maioria, com alunos em tempo integral. Em vez de o currículo se organizar em torno dos professores, ele se organiza no interior de estruturas departamentais que oferecem caminhos claros para a obtenção de diplomas, que, por sua vez, servem de credencial social.

No final do século XIX, essas estruturas eram, em princípio, não apenas o *locus* de reprodução de todo o *corpus* do conhecimento secular como também o *locus* principal de novas pesquisas e, portanto, da produção de conhecimento. Mais tarde, o novo tipo de estrutura difundiu-se a partir da Europa ocidental e da América do Norte, onde começava a se desenvolver, para outras partes do mundo, ou foi imposta a outras regiões em consequência do domínio ocidental sobre o sistema-mundo. Em 1945, havia instituições desse tipo praticamente no mundo inteiro.

Entretanto, foi só depois de 1945 que esse sistema universitário mundial atingiu o apogeu. Houve imensa expansão da economia-mundo de 1945 a 1970. Esse fato, combinado à pressão constante vinda de baixo para aumentar as admissões nas instituições universitárias e à vontade nacionalista crescente das zonas periféricas de "alcançar" as zonas que lideravam o sistema-mundo, levou à incrível expansão do sistema universitário mundial em termos do número de instituições, membros do corpo docente e alunos. Pela primeira vez, as universidades tornaram-se mais do que um campo reservado a uma pequena elite; tornaram-se verdadeiramente instituições públicas.

O apoio social ao sistema universitário mundial veio de três fontes: elites e governos, que precisavam de mais pessoal treinado e mais pesquisa básica; empresas produtivas, que precisavam de avanços tecnológicos que pudessem aproveitar; e todos aqueles que viam o sistema universitário como uma forma de ascensão social. A educação se popularizou e, principalmente depois de 1945, a oferta de educação universitária passou a ser considerada serviço social essencial.

Tanto o impulso para fundar universidades modernas depois de meados do século XVIII quanto o ímpeto pós-1945 para multiplicá-las levaram à questão do tipo de educação que seria oferecido por essas instituições. O primeiro impulso para recriar a universidade veio na esteira do novo debate intelectual surgido na segunda metade do século XVIII. Como observei, havia pelo menos dois séculos que o humanismo secular dos filósofos lutava, com maior ou menor sucesso, contra a hegemonia anterior do saber teológico. Mas então, por sua vez, ele ruiu sob o violento ataque de grupos acadêmicos que começavam a se denominar cientistas. Os cientistas (a palavra propriamente dita é invenção do século XIX) eram aqueles que concordavam com os filósofos humanistas que o mundo era intrinsecamente cognoscível. No entanto, os cientistas insistiam que a verdade só poderia ser conhecida por meio da investigação empírica, da qual se tirariam leis gerais para explicar os fenômenos reais. Do ponto de vista dos cientistas, os filósofos humanistas seculares ofereciam conhecimento apenas especulativo, que não era epistemologicamente diferente daquilo que os teólogos ofereceram durante tanto tempo. Afirmavam que o conhecimento oferecido pelos filósofos não podia representar a verdade, já que era impossível refutá-lo.

Nos séculos XIX e XX, os cientistas declararam sua pretensão ao prestígio e ao apoio social. Apresentaram tipos de saber que puderam ser traduzidos em aperfeiçoamento da tecnologia, o que foi muito apreciado pelos que ocupavam o poder. Assim, os cientistas tinham o máximo interesse material e social em defender e obter o dito divórcio entre a ciência e a filosofia, ruptura que levou à institucionalização do que mais tarde viria a ser chamado de "as duas culturas". A expressão mais concreta desse divórcio foi a divisão da histórica faculdade de filosofia da Idade Média em duas.

A denominação final das faculdades variou de universidade para universidade, mas no geral, em meados do século XIX, a maioria das universidades possuía uma faculdade reservada para as ciências naturais e outra para o que se costumava chamar de Humanidades, Artes ou *Geisteswissenschaften*.

É preciso esclarecer a natureza do debate epistemológico subjacente a essa separação. Os cientistas sustentavam que só com o uso de seus métodos preferidos — a pesquisa empírica baseada em hipóteses passíveis de comprovação ou que a elas conduzisse — seria possível chegar à verdade, uma verdade que seria universal. Os praticantes das humanidades contestavam vigorosamente essa assertiva. Insistiam no papel da percepção analítica, da sensibilidade hermenêutica e do *Verstehen* empático como caminhos para a verdade. Os humanistas afirmavam que o tipo de verdade que defendiam era mais profundo e tão universal quanto aquele que estava por trás das generalizações dos cientistas, vistas muitas vezes como apressadas. Mas ainda mais importante foi que os praticantes das humanidades insistiam na centralidade dos valores, do bem e do belo na busca do conhecimento, enquanto os cientistas afirmavam que a ciência não tinha valores e que estes jamais poderiam ser designados como verdadeiros nem como falsos. Portanto, diziam, os valores eram externos aos interesses da ciência.

O debate ficou mais exacerbado com o passar das décadas, com muitos tendendo a denegrir toda e qualquer contribuição dos que estivessem do outro lado. Era uma questão tanto de prestígio (a hierarquia das pretensões ao conhecimento) quanto de divisão dos recursos sociais. Era questão também de decidir quem tinha o direito de dominar a socialização da juventude por meio do controle do sistema educacional, principalmente do ensino secundário. O que se pode dizer da história da luta é que, pouco a pouco, os cientistas venceram a batalha social e conseguiram que cada vez mais pessoas, principalmente pessoas em posição de poder, os classificassem como superiores, muito superiores até, em relação aos praticantes do saber humanístico. Depois de 1945, com a centralidade da nova tecnologia, cara e complicada, no funcionamento do sistema-mundo moderno, os cientistas dispararam na frente dos humanistas.

Durante o processo, houve de fato uma trégua. Os cientistas receberam prioridade na asserção legítima das verdades e, aos olhos da sociedade, o controle exclusivo sobre elas. Os praticantes do saber humanístico, em sua maioria, tiveram de ceder terreno e aceitaram permanecer no gueto daqueles que buscavam — apenas buscavam — determinar o bom e o belo. Esse, mais do que a divisão epistemológica, foi o verdadeiro divórcio. Nunca antes, na história do mundo, houve divisão tão acentuada entre a busca da verdade e a busca do bom e do belo. Agora ela estava inserida nas estruturas do saber e no sistema universitário mundial.

No interior das faculdades, agora separadas, de cada uma das duas culturas, ocorreu então um processo de especialização que veio a ser chamado de fronteira das "disciplinas". As disciplinas são pretensões territoriais – uma afirmação de que é útil limitar setores do saber em termos do objeto da pesquisa e dos métodos usados para estudar tais objetos. Todos conhecemos as denominações das principais disciplinas amplamente aceitas: astronomia, física, química e biologia, entre outras, nas ciências naturais; grego e latim (ou línguas clássicas), as várias literaturas nacionais (de acordo com o país), filologia, história da arte e filosofia, entre outras humanidades.

A organização em disciplinas provocou uma nova separação do saber, além daquela entre as duas culturas. Cada disciplina tornou-se um departamento da universidade. Os diplomas, em sua maioria, passaram a ser concedidos por disciplinas específicas e o corpo docente passou a pertencer a departamentos específicos. Além disso, desenvolveram-se estruturas organizacionais transversais, que permeavam as universidades. Surgiram revistas especializadas em cada disciplina, que publicam artigos majoritária ou exclusivamente de pessoas daquelas disciplinas, artigos que tratam (e tratam apenas) de temas que tais disciplinas pretendem abranger. E com o passar do tempo criaram-se associações de especialistas em disciplinas específicas, primeiro nacionais, depois internacionais. Finalmente, e não menos importante, no final do século XIX as chamadas grandes bibliotecas começaram a criar categorias que espelham a organização disciplinar, que todas as outras bibliotecas (e até as livrarias e as editoras) sentiram-se obrigadas a aceitar como categorias para organizar seu trabalho.

Nessa divisão do mundo do saber entre ciências naturais e humanidades, havia a situação especial e ambígua das ciências sociais. A Revolução Francesa havia levado à legitimação geral dois conceitos que antes não eram amplamente aceitos: a normalidade da mudança sociopolítica e a soberania do "povo". Isso gerou a necessidade urgente, para as elites governantes, de entender as modalidades dessa mudança e promoveu o desejo de desenvolver políticas que limitassem ou pelo menos canalizassem essa mudança. A busca dessas modalidades e, por derivação, de políticas sociais tornou-se o domínio das ciências sociais, inclusive de uma forma atualizada de história baseada na pesquisa empírica.

A questão epistemológica das ciências sociais é e sempre foi onde ficariam seus praticantes na batalha entre as duas culturas. A resposta mais simples é que os cientistas sociais estão profundamente divididos quanto aos problemas epistemológicos. Alguns deles esforçaram-se ao máximo para fazer parte do campo científico e outros insistiram em fazer parte do campo humanístico. O que quase nenhum deles fez foi tentar desenvolver uma terceira postura epistemológica. Não só os cientistas sociais, como indivíduos, tomaram partido no que alguns chamam de *Methodenstreit*, como disciplinas inteiras tenderam a tomar algum partido. Em sua maioria, a economia, a ciência política e a sociologia rumaram para o campo científico (com algumas dissidências, é claro). E a história, a antropologia e os estudos orientais permaneceram, em geral, no campo humanístico. Ou pelo menos até 1945. Depois disso, os limites se tornaram nebulosos[2].

---

[2]   Immanuel Wallerstein et al., *Para abrir as ciências sociais.*

Quando o sistema-mundo moderno entrou na crise estrutural, que, acredito, se iniciou com os protestos mundiais de 1968 e além, os três pilares das estruturas do saber do sistema-mundo moderno começaram a perder solidez e provocaram uma crise institucional paralela, parte da crise estrutural do sistema-mundo. As universidades começaram a reorientar seu papel social em meio a uma grande incerteza a respeito do rumo que seguiriam ou deveriam seguir. A grandiosa divisão das duas culturas foi alvo de violento questionamento interno, tanto nas ciências naturais quanto nas humanidades. E as ciências sociais, que haviam florescido e se mostravam confiantes nos anos logo após 1945, espalharam-se, fragmentaram-se e começaram a duvidar de si mesmas.

O problema básico do sistema universitário mundial foi seu crescimento exponencial em tamanho e custos enquanto diminuía seu estímulo socioeconômico em razão da prolongada estagnação da economia-mundo. Isso levou a pressões múltiplas em várias direções. Os grandes intelectuais da academia tornaram-se fenômeno raro em relação ao percentual total, simplesmente porque o numerador era muito mais estável que o denominador. O resultado foi o aumento do poder de barganha e, portanto, do custo dessa camada mais alta, que usou sua situação para obter reduções enormes da carga horária de aulas e aumentos enormes da remuneração e dos recursos de pesquisa. Ao mesmo tempo, os administradores das universidades, diante do declínio da proporção professor/aluno, buscaram aumentar, de um modo ou de outro, a carga horária de aulas e criaram um sistema de duas camadas no corpo docente, com um segmento privilegiado acima de outro mal pago e com dedicação parcial. A consequência disso foi o que chamo de "secundarização" da universidade, redução a longo prazo da ênfase na pesquisa ao lado do aumento das responsabilidades docentes (sobretudo turmas grandes), como nas escolas secundárias.

Além disso, devido às restrições financeiras, as universidades vêm se encaminhando para se tornar atores do mercado, vendendo serviços a empresas e governos e transformando o resultado das pesquisas de seus professores em patentes que possam ser exploradas (quando não diretamente, pelo menos por meio de licenciamento). Mas, à medida que as universidades evoluem nessa direção, alguns professores estão se distanciando das estruturas universitárias, e até saindo delas, quer para explorar individualmente as descobertas de suas pesquisas, quer por discordar do ambiente comercial das universidades. Quando essa discordância se combina com o poder de barganha que já discuti, o resultado pode ser o êxodo de alguns dos principais especialistas/cientistas. Quando isso ocorrer, talvez retornemos à situação anterior a 1800, em que a universidade não era o locus primário de produção do conhecimento.

Ao mesmo tempo, a linha divisória entre as duas culturas começou a se decompor. Dois movimentos importantes do saber surgiram no último terço do século XX: os estudos da complexidade nas ciências naturais e os estudos culturais nas humanidades. Apesar de à primeira vista parecerem bastante diferentes e até antagônicos aos olhos dos envolvidos ou dos analistas, há algumas semelhanças importantes entre esses dois movimentos do saber.

Em primeiro lugar, ambos foram movimentos de protesto contra a posição historicamente dominante dentro de seus campos. O dos estudos da complexidade foi basicamente uma rejeição do determinismo linear reversível no tempo que predominou desde sir Isaac Newton até Albert Einstein e que, durante quatro séculos, tornou-se a base normativa da ciência moderna. Os proponentes dos estudos da complexidade insistiam que o modelo clássico da ciência é na verdade um caso especial, até um caso relativamente raro, dos modos de funcionamento dos sistemas naturais. Afirmavam que os sistemas não são lineares e tendem com o tempo a se afastar do equilíbrio. Argumentavam que era impossível, em termos intrínsecos e não extrínsecos, determinar a trajetória futura de toda e qualquer projeção. Para eles, a ciência não serve para reduzir o complexo ao simples, mas para explicar camadas cada vez maiores de complexidade. E acharam que ideia de processos reversíveis no tempo é absurda, já que existe uma "flecha do tempo" que age sobre todos os fenômenos, não só sobre o universo como um todo como também sobre cada elemento microscópico dentro dele.

O movimento dos estudos culturais foi igualmente uma rejeição do conceito básico que configurava as ciências humanas: a existência de cânones universais de beleza e de normas do bem na lei natural que podem ser aprendidos, ensinados e legitimados.

Embora as humanidades sempre tenham afirmado favorecer o particular essencialista (contra os universais científicos), os proponentes dos estudos culturais insistiam que os ensinamentos tradicionais das humanidades incorporavam os valores de um grupo específico – homens brancos ocidentais de grupos étnicos dominantes –, que afirmavam de maneira arrogante que seus conjuntos particulares de valores eram universais. Nos estudos culturais, insistia-se, ao contrário, no contexto social de todos os juízos de valor e, portanto, na importância de estudar e valorizar as contribuições de todos os outros grupos – grupos que foram historicamente ignorados e denegridos. Professava-se então o conceito demótico de que todo leitor, todo espectador, traz às produções artísticas uma percepção que é não só diferente, como igualmente válida.

Em segundo lugar, tanto os estudos da complexidade quanto os estudos culturais, partindo de pontos diferentes do espectro, concluíram que a distinção epistemológica entre as duas culturas não faz sentido em termos intelectuais ou é prejudicial à busca do conhecimento útil.

Em terceiro lugar, ambos os movimentos se inseriram, em última instância, no domínio das ciências sociais, sem afirmá-lo em termos explícitos. O dos estudos da complexidade o fez quando insistiu na flecha do tempo, no fato de que os sistemas sociais são os mais complexos de todos os sistemas e que a ciência faz parte da cultura. O dos estudos culturais o fez quando sustentou que não se pode saber nada sobre a produção cultural sem inseri-la em seu contexto social em evolução, na identidade dos produtores e dos que participam da produção e da psicologia social (mentalidades) de todos os envolvidos. Além disso, nos estudos culturais afirmava-se que a produção cultural faz parte das estruturas de poder nas quais se insere e é profundamente afetada por elas.

Quanto às ciências sociais, elas se viram diante da indefinição cada vez maior das disciplinas tradicionais. Praticamente todas as disciplinas criaram especialidades que acrescentavam a denominação de outras a sua própria denominação (por exemplo, antropologia econômica, história social ou sociologia histórica). Praticamente todas as disciplinas passaram a usar uma mistura de metodologias, inclusive aquelas antes reservadas a outras disciplinas. Não era mais possível identificar trabalho em arquivos, observação participante ou pesquisa de opinião pública com pessoas de disciplinas específicas.

Do mesmo modo, surgiram semidisciplinas que se fortaleceram nos últimos trinta ou cinquenta anos: estudos de regiões, estudos sobre mulheres e papéis sexuais, estudos étnicos (um para cada grupo com força política suficiente para exigi-lo), estudos urbanos, estudos do desenvolvimento e estudos homossexuais (ao lado de outras formas de estudo a respeito da sexualidade). Em muitas universidades, essas entidades tornaram-se departamentos ao lado dos departamentos tradicionais; quando não se constituem como departamentos, são ao menos criadas na forma dos chamados programas. Surgiram revistas e associações transversais em paralelo com as associações disciplinares mais antigas. Além de aumentar o tumulto em torno das ciências sociais ao criar ainda mais fronteiras superpostas, elas agravaram as restrições financeiras, já que mais entidades competiam basicamente pelo mesmo dinheiro.

Se olharmos vinte ou cinquenta anos à frente, parece-me claro que três coisas são possíveis. É possível que a universidade moderna deixe de ser o locus principal de produção e até de reprodução do conhecimento, embora quase não haja debates a respeito do que irá ou poderá vir a substituí-la. É possível que as novas tendências epistemologicamente centrípetas das estruturas do saber levem a uma epistemologia reunificada (diferente das duas principais que existem hoje) e que considero, talvez de modo um tanto provinciano, como "cientificação social de todo o saber". E é possível que as disciplinas das ciências sociais desmoronem em termos organizacionais e se submetam, ou talvez sejam forçadas a isso pelos administradores, a uma reorganização profunda cujos contornos, em grande parte, não estão claros.

Em resumo, acredito que a autoridade do último e mais poderoso dos universalismos europeus, o universalismo científico, não é mais inquestionável. As estruturas do saber entraram em um período de anarquia e divisão, assim como o sistema-mundo moderno como um todo, e seu resultado não está absolutamente determinado. Acredito que a evolução das estruturas do saber apenas faz parte — e parte importante — da evolução do sistema--mundo moderno. A crise estrutural de uma é a crise estrutural de outra. A batalha pelo futuro será travada em ambas as frentes.

4

O PODER DAS IDEIAS, AS IDEIAS DO PODER: DAR E RECEBER?

Procurei demonstrar como a realidade do poder no sistema--mundo moderno configurou, nos últimos quinhentos anos, uma série de ideias legitimadoras que tornaram possível, aos que têm poder, mantê-lo. Havia três noções fundamentais e em grande escala, todas elas formas de universalismo europeu. Discuti-as sucessivamente: o direito dos que acreditam defender valores universais ao intervir contra os bárbaros; o particularismo essencialista do Orientalismo; e o universalismo científico. Na verdade, esses três conjuntos de ideias estão intimamente ligados entre si e a sequência de seu surgimento como temas centrais do mundo moderno, e portanto, nesta discussão, não foi acidental.

O sistema-mundo moderno não poderia ter sido criado e institucionalizado sem o uso da força para expandir suas fronteiras e controlar grandes segmentos da população. Ainda assim, uma força superior, mesmo que avassaladora, nunca foi suficiente para criar uma dominação duradoura. Os poderosos sempre precisaram conquistar algum grau de legitimidade para as vantagens e privilégios que acompanham sua dominação. Precisaram obter essa legitimação, em primeiro lugar, entre seus quadros, que eram como correias de transmissão humanas essenciais ao poder e sem os quais não poderiam impor-se ao grupo maior formado pelos dominados. Mas também precisavam de certa legitimação perante aqueles que eram dominados e isso foi muito mais difícil do que obter a anuência de seus próprios quadros, que, afinal de contas, eram diretamente recompensados por desempenhar o papel que lhes cabia.

Quando examinamos os argumentos embutidos nas várias doutrinas apresentadas, vemos que estes sempre tentam demonstrar a superioridade inerente do poderoso. E dessa superioridade inerente tais doutrinas deduziam não só a capacidade de dominar como também a justificativa moral da dominação. Conseguir que o direito moral de dominar seja aceito é o principal elemento para obter a legitimação do poder. E, para isso, foi preciso demonstrar que o efeito a longo prazo da dominação era benéfico para os dominados, ainda que o efeito a curto prazo parecesse negativo.

É claro que isso era especialmente difícil de defender quando o modo de dominação era a força bruta, como na situação da conquista espanhola da América no século XVI. O direito de intervir é uma doutrina que pretende justificar o uso da força bruta. Foi debatido a sério e de modo expressivo pela primeira vez, como vimos, na discussão entre dois intelectuais espanhóis daquela época: Las Casas e Sepúlveda. Eles discutiam uma questão básica: que direitos tinham os conquistadores espanhóis da América em relação às populações indígenas? Ou, talvez, o contrário: que direitos as populações indígenas tinham em relação aos conquistadores espanhóis?

A partir da barbárie básica dos ameríndios, Sepúlveda deduziu o direito de intervir. Como vimos, ele afirmou que as práticas dos ameríndios eram tão prejudiciais a si mesmos e aos outros que eles tinham de ser fisicamente impedidos de levá-las a efeito (argumento semelhante ao que diz que um indivíduo pode ser tão mentalmente desequilibrado que se prejudicaria a si mesmo ou aos outros caso não fosse internado num hospício). Sepúlveda também sustentou que a pressão para converter os ameríndios ao cristianismo era o maior benefício possível para estes, já que assim suas almas seriam salvas.

Diante dessa tese, a resposta de Las Casas manteve-se necessariamente não só no nível da antropologia como também no da teologia. Ele negou tais direitos aos espanhóis baseando-se no fato de que o suposto mal era coisa que acontecia por toda parte e, portanto, não era específico dos ameríndios. E, continuou, a justificativa de toda intervenção dependia do cálculo que comparasse o dano causado ao ganho que afirmava permitir. Ele levantou dúvidas quanto aos riscos das práticas dos ameríndios, tanto para eles mesmos quanto para outros. Questionou se interferir em tais práticas, mesmo que negativas, não causaria na verdade mais mal do que bem. E, como padre, insistiu que toda pressão para conseguir conversões faria com que tivessem base falsa e, sendo assim, seriam teologicamente inaceitáveis. Mas, por trás desse debate em nível que Sepúlveda buscou elevado, Las Casas tentou expor a realidade socioeconômica implícita no domínio espanhol, a exploração humana pura e simples que ocorria ali e, consequentemente, os males morais causados pela conquista e pelo surgimento de grandes fazendas e outras realizações dos conquistadores espanhóis.

Esse debate não se deu apenas no século XVI; ele continua desde então. Nós, em nossa "guerra contra o terrorismo" após o 11 de Setembro, continuamos a ouvir justificativas equivalentes para a agressão e o domínio militar: que estes previnem um mal terrível cometido por outros; que o efeito da iniciativa militar será levar a "democracia" a povos que não a têm e que, portanto, a longo prazo será para o bem deles, ainda que a curto prazo sofram com as consequências da guerra e da dominação.

Hoje, como no século XVI, esse argumento é apresentado para convencer uma porcentagem razoavelmente grande de quadros que constituem as correias de transmissão necessárias aos poderosos, assim como alguns daqueles que, na verdade, são receptores diretos da dominação. Não temos medida real do grau comparativo de legitimação nos séculos XVI e XXI. Mas é plausível pensar que a utilidade do que se poderia chamar de modo Sepúlveda de se justificar já se desgastou. A razão para isso é simples. Tivemos cinco séculos para avaliar os efeitos do uso da força bruta a longo prazo, e a pretensão de que grande parte desses efeitos é positiva parece empiricamente duvidosa para um número cada vez maior de pessoas. Como consequência, o argumento já não tem tanta serventia para legitimar o domínio dos poderosos e dos privilegiados.

É claro que o modo Sepúlveda já começava a se desgastar no século XVIII. Essa é uma das razões pelas quais o modo orientalista começou a desempenhar papel mais importante. De um lado, era difícil tratar grandes regiões herdeiras de impérios burocráticos mundiais (como China e Índia) como se fossem povoadas por simples "selvagens", seja lá qual for a definição que se dê ao conceito de selvagem. O fato de os poderosos terem de recorrer ao Orientalismo como modo de justificar intelectualmente sua dominação foi, por si só, sinal de reconhecimento, por parte dos poderosos, de que estavam lidando com grupos capazes de maior resistência imediata ao poder externo e que, com suas qualidades, poderiam impressionar os quadros dos próprios poderosos.

O Orientalismo foi uma versão mais sutil das assertivas de Sepúlveda, já que seus "estudos de caso" não eram os chamados povos primitivos, mas sim as civilizações ditas avançadas que, no entanto, não pertenciam ao cristianismo ocidental. O Orientalismo foi um modo de reificar e "essencializar" o outro, principalmente o outro sofisticado e potencialmente poderoso, e portanto de tentar demonstrar a superioridade inerente do mundo ocidental.

O Orientalismo foi a forma de hipocrisia que o vício teve de ceder à virtude. Afinal, o cerne da argumentação dos orientalistas era que, ainda que fosse verdade que as "civilizações" orientais eram tão culturalmente ricas e sofisticadas quanto a civilização cristã ocidental, e portanto, em certo sentido, iguais a ela, o fato é que elas continham um defeito pequeno mas importantíssimo – o mesmo em todas. Afirmava-se que havia nelas algo que as tornava incapazes de avançar para a "modernidade". Haviam estacionado, sofrido certa paralisia cultural que poderia ser considerada uma moléstia cultural.

Surgia um novo argumento a favor da dominação política/econômica/militar/cultural: os poderosos justificavam assim a manutenção de sua posição privilegiada, porque ela lhes permitia ajudar a libertar os que estavam presos num beco sem saída. Com ajuda do mundo ocidental, as civilizações orientais poderiam romper os limites que sua própria civilização impusera a suas possibilidades culturais (e, claro, tecnológicas). Consequentemente, essa dominação ocidental era, sem dúvida, um fenômeno temporário e de transição, mas essencial para o progresso do mundo e do interesse direto daqueles sobre os quais se impunha agora o domínio. Para apresentar esse tipo de argumento, era preciso "essencializar" as características particulares dos que eram descritos em seus moldes "civilizacionais", e é isso o Orientalismo.

Depois do declínio do argumento a favor do direito de intervir, seu substituto, o Orientalismo, funcionou por algum tempo, convencendo, pelo menos em parte, tanto os quadros ocidentais quanto os que eram dominados, principalmente os quadros das regiões dominadas. A princípio, estes últimos foram atraídos pelo modelo de uma "modernização" que, na prática, era uma "ocidentalização" e ficaram lisonjeados com as pretensões igualitárias da doutrina (em termos culturais, qualquer um poderia ser ocidental; era uma simples questão de vontade e educação). No entanto, com o passar das décadas, os que eram "assimilados" e, portanto, tornavam-se ocidentais e até mesmo cristãos descobriram que sua assimilação não levara, como prometido, à igualdade — igualdade política, econômica e, acima de tudo, social. Assim, no século XX, a utilidade do Orientalismo como modo de justificação também começou a se desgastar.

Com certeza, o Orientalismo não desapareceu por completo como argumento. Hoje nós o encontramos no discurso sobre o "choque de civilizações". Mas embora esse discurso tenha apresentado alguma atratividade para os quadros ocidentais, seria preciso procurar muito para encontrar adeptos seus nas zonas não ocidentais do mundo. Ou melhor, a maioria desses adeptos nas zonas não ocidentais do mundo de hoje inverte a tese e considera a civilização cristã ocidental, que evoluiu para o pensamento iluminista, como forma deficiente e inferior do pensamento humano, cujo domínio deveria ser combatido exatamente em nome desse Orientalismo invertido. Isso se chama fundamentalismo — aliás, fundamentalismo cristão.

É na esteira do declínio da utilidade dos argumentos orientalistas que testemunhamos o surgimento das apologias do universalismo científico, a ciência como verdade, como único modo significativo de compreender o mundo. O conceito das duas culturas — a diferença epistemológica fundamental entre a busca da verdade e a busca dos valores bons — foi a última volta do parafuso no processo de legitimação. Pode-se rejeitar o conceito de primitivo e pode-se ir além das reificações do Orientalismo. Mesmo assim, ao criar uma diferença epistemológica entre ciência e humanidades, permanecia a assertiva de que a verdade universal é aquela proposta pelos cientistas e não pelos humanistas. Havia mais um subtexto: embora todos pudessem ser "humanistas" e pudesse haver muitos humanismos, só seria possível existir uma única verdade universal. E, até hoje, aqueles com capacidade para descobri-la estão principalmente nas zonas poderosas do sistema-mundo.

O conceito de uma ciência externa à "cultura", em certo sentido mais importante que a cultura, tornou-se o último terreno da justificativa da legitimidade da distribuição de poder no mundo moderno. O cientificismo foi o modo mais sutil de justificativa ideológica dos poderosos. Afinal, apresenta o universalismo como ideologicamente neutro, desinteressado da "cultura" e até da arena política, e extrai sua justificativa principalmente do bem que pode oferecer à humanidade por meio da aplicação do saber teórico que os cientistas vêm adquirindo.

O que a ênfase no universalismo científico fez foi determinar a virtude teórica da meritocracia, segundo a qual os cargos são conferidos exclusivamente com base na competência, medida por conjuntos de critérios objetivos. E as pessoas que então entraram na arena dos competentes tornaram-se juízes autônomos de seu próprio valor e recrutamento. Daí concluía-se que, se ocupavam cargos de prestígio e poder no mundo da ciência, tinham o direito moral de ali estar. E como a ciência produzia tecnologia útil, o avanço da ciência era para o bem de todos.

Um artifício menos óbvio permitiu supor que o acesso a todas as posições sociais, e não àquelas do terreno estreito da ciência, seria de alguma forma obtido por mérito e, portanto, seria justificado. Se zonas específicas do mundo ou camadas específicas do sistema tinham menos recompensas que outras zonas ou camadas, era porque elas não haviam adquirido as habilidades objetivas disponíveis a todos. Logo, se alguém tinha menos privilégio e poder, era porque havia sido reprovado no exame, qualquer que fosse a razão — incompetência inerente, provincianismo cultural ou má vontade.

Foi brandindo esses argumentos que, depois de 1945, com a centralidade da nova tecnologia, cara e complicada no funcionamento do sistema-mundo moderno, os cientistas dispararam muito à frente dos humanistas. Isso foi tanto mais fácil dadas as dúvidas graves que surgiram sobre os particularismos essencialistas dos orientalistas. Somente a ciência poderia resolver os problemas cada vez mais imediatos causados pela polarização do sistema-mundo.

Então, a busca do bem foi excluída do terreno do saber superior, o que fez com que não houvesse base para criticar a lógica dessas inferências, já que quem o fizesse estaria sendo anti-intelectual. As restrições sociais estruturais que impediam os indivíduos de penetrar nas esferas mais altas da meritocracia foram praticamente eliminadas da análise ou só puderam ser incluídas nos termos da aceitação, na pesquisa, do pressuposto das duas culturas.

Até que ponto nosso universalismo é universal? Depois que dividimos o mundo em duas culturas, o universalismo tornou-se domínio dos cientistas, que insistiam numa certa metodologia, numa certa postura política (a ciência sem valores) e no isolamento corporativo da avaliação social direta de seu trabalho. Também resultou, inevitavelmente, na concentração geográfica do trabalho e dos trabalhadores que atendiam a esses critérios e, portanto, num certo grau de viés social em seu trabalho, não admitido mas real. Mas, principalmente, protegeu os poderosos da crítica moral ao desvalorizar a plausibilidade e a objetividade das críticas morais. Os humanistas podiam ser ignorados, ainda mais se fossem humanistas críticos, com base no fato de suas análises não serem científicas. Essa foi a última gota do processo de autojustificação do sistema-mundo moderno.

A questão que hoje está diante de nós é como ultrapassar o universalismo europeu — esta última justificativa perversa da ordem mundial existente — rumo a uma coisa muito mais difícil de obter: o universalismo universal, que recusa as caracterizações essencialistas da realidade social, historiza tanto o universal quanto o particular, reunifica os lados ditos científico e humanístico em uma epistemologia e permite-nos ver com olhos extremamente clínicos e bastante céticos todas as justificativas de "intervenção" dos poderosos contra os fracos.

Há meio século, Léopold-Sédar Senghor conclamou o mundo para o *rendez-vous du donner et du recevoir*, o encontro do dar e do receber. Talvez Senghor fosse o híbrido perfeito da era moderna. Era poeta e político. De um lado, foi um grande expoente da negritude e secretário-geral da Sociedade de Cultura Africana. No entanto, era ao mesmo tempo membro da Académie Française, cuja missão formal é defender e promover a cultura francesa. Senghor foi o primeiro presidente do Senegal, mas antes fora ministro do governo francês. Era a pessoa adequada para fazer essa conclamação.

Mas no mundo de hoje pode haver um ponto de encontro do dar e do receber? Pode haver um universalismo que não seja europeu, mas universal (ou global)? Ou melhor, o que seria preciso, no século XXI, para chegar a um mundo onde não seja mais o Ocidente que dá e o resto que recebe, um mundo no qual o Ocidente veste a capa da ciência e o resto fica relegado a povos de temperamento mais "artístico/emocional"? Como será possível chegarmos a um mundo em que todos deem e todos recebam?

O intelectual funciona necessariamente em três níveis: como analista na busca da verdade; como pessoa moral na busca do bem e do belo; e como pessoa política na busca pela unificação do verdadeiro com o bom e o belo. As estruturas do saber que predominaram durante dois séculos tornaram-se antinaturais, exatamente porque decretaram que o intelectual não poderia mover-se com facilidade entre esses três níveis. Os intelectuais foram encorajados a se restringir à análise intelectual. Se não conseguiam deixar de se exprimir moral e politicamente, eram obrigados a segregar rigidamente os três tipos de atividade.

Essa segregação ou separação era dificílima, talvez impossível de conseguir. E, portanto, não foi por acaso que a maioria dos intelectuais sérios nunca a alcançou integralmente, mesmo se e quando pregava sua validade. Max Weber é um bom exemplo. Seus dois famosos ensaios, "Política como vocação" e "Ciência como vocação", revelam a maneira quase esquizofrênica como brigava com essas restrições e racionalizava seu envolvimento político para não parecer que estivesse em contradição com seu compromisso com uma sociologia sem valores.

Duas coisas mudaram nos últimos trinta anos. Como tentei demonstrar, o domínio que o conceito das duas culturas manteve sobre as estruturas do saber enfraqueceu bastante e, com ele, o estímulo intelectual para segregar a busca da verdade, do bem e do belo. Mas, como também argumentei, a razão do maciço questionamento do conceito das duas culturas está ligada, exatamente, à crise estrutural do sistema-mundo moderno que vem se desenvolvendo. Quando passamos para essa época de transição, a importância da escolha fundamental torna-se mais aguda, ao mesmo tempo em que o significado das contribuições individuais àquela escolha coletiva cresce de forma incomensurável. Em resumo, uma vez que os intelectuais descartam as restrições de uma falsa neutralidade de valores, podem desempenhar, dentro da transição pela qual estamos passando, um papel que vale a pena.

Quero explicar-me muito claramente. Ao dizer que a neutralidade de valores é ao mesmo tempo miragem e burla, não estou sustentando que não haja diferença entre as tarefas analítica, moral e política. Há de fato uma diferença, e ela é fundamental. As três não podem simplesmente se fundir. Mas tampouco podem se separar. Nosso problema é como navegar nesse aparente paradoxo de três tarefas que não podem se fundir nem se separar. Eu observaria, de passagem, que essa tentativa é mais um caso do único tipo de epistemologia com esperanças de reunir todo o saber: a teoria do meio não excluído[1].

É claro que esse dilema existe para todos, não só para os intelectuais. Então há algo de especial no papel do intelectual? Há, sim. Chamo de intelectuais as pessoas que dedicam seu tempo e energia à compreensão analítica da realidade e, presumivelmente, têm algum treinamento especial para fazer isso da melhor maneira possível. Não é pouca exigência. E nem todos querem tornar-se especialistas nesse conhecimento mais geral, ao contrário do conhecimento concreto específico de que todos precisamos para cumprir com competência qualquer tarefa. Assim, os intelectuais são generalistas, ainda que o alcance de sua competência seja de fato limitado a um domínio específico do vasto mundo de todo o conhecimento.

Hoje, a questão mais importante é como podemos aplicar nosso conhecimento geral individual à compreensão da época de

---

[1] Immanuel Wallerstein, "O tempo, a duração e o terceiro não excluído", em M. A. Lopes (org.), *Fernand Braudel: tempo e história*, p. 71-80.

transição em que vivemos. Até astrônomos ou críticos literários são convocados para fazê-lo, mas *a fortiori* essa é uma exigência feita a cientistas sociais, que se afirmam especialistas no modo de funcionamento e de desenvolvimento do mundo social. E, em termos gerais, os cientistas sociais não vêm executando bem sua tarefa; e é por isso que, como um todo, são alvo de tão baixa estima, não só dos que ocupam o poder como também dos que se opõem aos que estão no poder, além do número imenso de camadas trabalhadoras que sentem que pouco aprenderam de útil em termos morais ou políticos com o que os cientistas sociais produziram.

Para remediar essa situação, a primeira coisa necessária a fazer é historizar nossa análise intelectual. Isso não significa acumular detalhes cronológicos, por mais úteis que sejam. E não significa promover uma relativização grosseira que afirma o fato óbvio de que toda situação específica é diferente de todas as outras e que todas as estruturas evoluem dia a dia, nanossegundo a nanossegundo. Historizar é o contrário disso. É colocar a realidade que estamos estudando no contexto mais amplo: a estrutura histórica em que se encaixa e onde funciona. Nunca conseguiremos entender os detalhes se não entendermos o todo pertinente, já que nunca poderemos apreciar exatamente o que está mudando, como está mudando e por que está mudando. Historizar não é o contrário de sistematizar. Não se pode sistematizar sem apreender os parâmetros históricos do todo, da unidade de análise. Portanto, não se pode historizar no vazio, como se cada coisa não fizesse parte de um grande todo sistêmico. Todos os sistemas são históricos e toda a história é sistemática.

Foi essa sensação da necessidade de historizar que me levou a dar tanta ênfase aqui ao argumento de que nos encontramos dentro não só de uma unidade de análise específica – o sistema-mundo moderno –, como também de um momento específico desse sistema histórico, sua crise estrutural ou época de transição. Isso, espero eu (mas quem pode ter certeza?), esclarece o presente e indica as restrições a nossas opções para o futuro. E é claro que é isso o que mais interessa, não só aos que estão no poder como também aos que se opõem aos que estão no poder, assim como ao número imenso de camadas trabalhadoras que levam a vida como podem.

Se os intelectuais tentarem cumprir a tarefa que lhes é exigida em uma época de transição, não serão muito apreciados. Os que estão no poder ficarão consternados com sua mobilização e sentirão que a análise intelectual solapa o poder, ainda mais numa época de transição. Os que se opõem aos que estão no poder acharão que a análise intelectual é boa desde que alimente e encoraje os que estão envolvidos na oposição política. Mas não apreciarão hesitações nem nuanças e cautelas em demasia. E tentarão reter os intelectuais, até mesmo aqueles que afirmam buscar os mesmos objetivos políticos dos que se opõem aos que estão no poder. Finalmente, as inúmeras camadas trabalhadoras insistirão que as análises intelectuais sejam traduzidas numa linguagem que possam entender e com a qual possam se identificar. É uma exigência sensata, mas nada fácil de atender.

Ainda assim, o papel do intelectual é importantíssimo. A transição é sempre um processo difícil. Há muitos baixios onde o processo pode encalhar. A clareza da análise costuma ser obscurecida pela realidade caótica e por seus apelos emocionais imediatos. Mas, se os intelectuais não erguerem a bandeira da análise, não é provável que outros o façam. Se não houver compreensão analítica das opções históricas reais na vanguarda de nosso raciocínio, nossas opções morais serão falhas e, acima de tudo, nossa força política será solapada.

Estamos no fim de uma época longa que pode ser chamada por vários nomes. Um nome adequado seria época do universalismo europeu. Estamos passando para uma época posterior. Uma alternativa possível é a multiplicidade de universalismos, que lembraria uma rede de universalismos universais. Seria o mundo do *rendez-vous du donner et du recevoir* de Senghor. Não há garantia de que chegaremos lá. Essa é a luta dos próximos vinte a cinquenta anos. A única alternativa séria é um novo mundo hierárquico e desigual que afirmará basear-se em valores universais, mas no qual o racismo e o sexismo continuarão a dominar na prática, muito possivelmente de maneira mais cruel do que no sistema-mundo atual. Assim, devemos todos simplesmente persistir na tentativa de analisar o sistema-mundo em sua época de transição, esclarecer as alternativas disponíveis e, portanto, as escolhas morais que teremos de fazer e, finalmente, lançar luz sobre os caminhos políticos que desejamos seguir.

BIBLIOGRAFIA

ABDEL-MALEK, Anouar. *Social dialectics:* civilisations and social theory. Albany, State University of New York Press, [1972] 1981, v. 1. [Ed. bras.: *Dialética social*. Rio de Janeiro, Paz e Terra, 1975.]

COOK, Sherburne F.; BORAH, Woodrow. *Essays in Population History:* Mexico and the Caribbean. Berkeley, University of California Press, 1971, v. 1.

FISCHER-TINÉ, Harald; MANN, Michael (orgs.). *Colonialism as Civilizing Mission:* Cultural Ideology in British India. Londres, Wimbledon, 2004.

HANKE, Lewis. *All Mankind Is One:* A Study of the Disputation Between Bartolomé de las Casas and Juan Ginés de Sepúlveda in 1550 on the Intellectual and Religious Capacity of the American Indians. De Kalb, Northern Illinois University Press, 1974.

KOUCHNER, Bernard. 23ª Conferência Comemorativa Morgenthau, Harmonie Club, Nova York, 2 de março de 2004. Disponível em: www.cceia.org/resources/transcripts/4425.html (em inglês).

126 · O UNIVERSALISMO EUROPEU

LAS CASAS, Bartolomé de. *In Defense of the Indians*. Org. Stafford Poole. De Kalb, Northern Illinois University Press, [1552] 1992.

_____. *Brevíssima relación de la destrucción de las Indias*. Org. José María Reyes Cano. Barcelona, Planeta, [1552] 1994.

_____. *Apología, o Declaración y defensa universal de los derechos del hombre y de los pueblos*. Org. Vidal Abril Castelló et al. Valladolid, Junta de Castilla y León Consejería de Educación y Cultura, [1552] 2000.

MANN, Michael. "Torchbearers upon the Path of Progress": Britain's Ideology of a "Moral and Material Progress" in India: An Introductory Essay. In: FISCHER-TINÉ, Harald; MANN, Michael (orgs.). *Colonialism as Civilizing Mission:* Cultural Ideology in British India. Londres, Wimbledon, 2004, p. 1-26.

MONTESQUIEU, barão de. *Cartas persas*. Trad. Renato Janine Ribeiro. São Paulo, Nova Alexandria, 2002.

PRIGOGINE, Ilya. *The End of Certainty:* Time, Chaos, and the New Laws of Nature. Nova York, Free Press, 1997.

SAID, Edward W. *Orientalismo* – o Oriente como invenção do Ocidente. Trad. Rosaura Eichenberg. São Paulo, Companhia das Letras, 2007.

SEPÚLVEDA, Juan Ginés de. *Demócrates segundo, o De las justas causas de la guerra contra los indios*. Org. Angel Losada, 2. ed. Madri, Consejo Superior de Investigaciones Científicas, Instituto Francisco de Victoria, [1545?] 1984.

TROUILLOT, Michel-Rolph. The North Atlantic Universals. In: WALLERSTEIN, Immanuel (org.). *The Modern World-System in the Longue Durée*. Boulder, Colorado, Paradigm Press, 2004, p. 229-37.

WALLERSTEIN, Immanuel. *The Modern World-System*. Nova York e San Diego, Academic Press, 1974-89, 3 v. [Ed. port.: *O sistema mundial moderno*. Porto, Afrontamento, 1990-1994. 2 v.]

_____. *Utopística, ou As decisões históricas do século vinte e um*. Petrópolis, Vozes, 1998.

_____. *O capitalismo histórico, seguido de A civilização capitalista*. Lisboa, Estratégias Criativas, 1999.

_____. Eurocentrismo e seus avatares. In: _____. *O fim do mundo como o concebemos*. Rio de Janeiro, Revan, 2003, p. 205-21.

WALLERSTEIN, Immanuel. O tempo, a duração e o terceiro não excluído. In: LOPES, M. A. (org.) *Fernand Braudel:* tempo e história. Rio de Janeiro, FGV, 2003, p. 71-80.

_____. *World-Systems Analysis:* An Introduction. Durham, Carolina do Norte, Duke University Press, 2004.

WALLERSTEIN, Immanuel et al. *Para abrir as ciências sociais.* São Paulo, Cortez, 1996.

ÍNDICE REMISSIVO

A

Abdel-Malek, Anouar 67-8, 74-5
Académie Française 119
África 45, 48, 67, 75
Agostinho, santo 33
Al Qaeda 25
América Central 44-5
América Latina 67, 75
Ameríndios 31-3, 57, 111
    sob o sistema espanhol da
    encomienda 31-2
    ver também Império Asteca;
Império Inca
Amin, Idi 45

Anistia Internacional 43
Aquino, santo Tomás de 33
árabe-islâmico, mundo
    ver Oriente Próximo
Arafat, Yasser 77
Aristóteles 33
armas de destruição em massa 55
Ásia 45, 63, 67, 75
    ver também Orientalismo
assistência médica 93
Astecas *ver* Império Asteca

B

Baath, partido 51, 57, 77

"bárbaros"
    no debate Las Casas-Sepúlveda
        33, 36, 46, 50
    no debate sobre o que são
        33, 36, 51
bibliotecas 100
Blair, Tony 26, 58
Borah, Woodrow 31 n. 1
Bósnia 47-8, 56
Brevíssima relación de la destrucción de las Indias (Las Casas) 31 n. 1
Bush, George W. 26, 49

C

Camboja 45
Canadá 44
capital, acumulação de 88, 90
Cartas persas (Montesquieu) 64, 83
Carter, Jimmy 44
certeza 86
Carlos V, imperador do Sacro Império Romano 31-3
China 30, 64, 113
ciência 65
    declínio do Orientalismo e 114-5
    especialização na 99-100
    estudos da complexidade e 103-4
    como externa à cultura 116
    filosofia e 97-8, 100
    humanidades *versus* 102-3, 105
    newtoniana 86
    tecnologia e 88, 97
    viés social na 118

"Ciência como vocação" (Weber) 120
ciências sociais 94, 101-2, 105-7
    debate ciência-humanidades e 98-103, 105, 116
civilização ocidental
    baseada em valores universais 14
    definida por si mesma como 14, 26, 28
    Gandhi sobre 42
    raízes greco-romanas da 66
civilizações
    choque de 26
    definição europeia de 64-5
    valores universais considerados base de 66
    ver também civilização ocidental; regiões de civilizações avançadas
coalizão de voluntários 55
colonial, domínio 36, 63
    aceitação global do domínio colonial europeu 63
    na Índia britânica 40-1
    revoluções contrárias depois da Segunda Guerra Mundial 67
    ver também debate Las Casas-Sepúlveda
Colombo, Cristóvão 30
complexidade, estudos da 103-4
comunidade internacional 49
Conferência sobre Segurança e Cooperação na Europa (CSCE) 44

ÍNDICE REMISSIVO · 131

Congresso Internacional de
Ciências Humanas na Ásia e
no Norte da África 75
Congresso Internacional de
Estudos Asiáticos e
Norte-Africanos 75
Congresso Internacional de
Orientalistas 75
Conselho das Índias 32, 61
Conselho Nacional Palestino 77
Cook, Sherburne F. 31 n. 1
crimes contra a humanidade 52,
56, 61
cristianismo 58-9, 66, 111, 113
Croácia 47
Cruz Vermelha Internacional 44
culturais, estudos 103-6
curdos 56
Curzon, lorde 40-1

D

Das causas justas da guerra contra os índios
(*Demócrates segundo*)
(Sepúlveda) 33
debate Las Casas-Sepúlveda
argumento dos "bárbaros" no
33-6
evangelização no 34, 39
legitimidade 110, 116
lei natural e 30, 37, 46, 48
princípio do mal menor e 37-8,
56-7
questão da jurisdição no 36-7,
53-4

Declaração de Concessão da
Independência aos Países e
Povos Coloniais 46
Declaração Universal dos Direitos
Humanos 43-4
democracia 26, 28,
58-9, 112
Demócrates primero (Sepúlveda) 32
Demócrates segundo (*Das causas
justas da guerra contra os índios*)
(Sepúlveda) 33-4
descolonização 42
desruralização 92
determinismo 86, 104
direitos humanos 26, 28, 43
intervenções em nome dos
43-5, 47-9
como justificativa da
intervenção pós-
colonial 44-5
ONGs e 43, 48
e as Nações Unidas 43-5,
47-9
ver também crimes contra a
humanidade
discurso, conceito de 72
ditaduras 50
dominação
contato *versus* 65
legitimação da 110-4
uso da força e 110-3
le droit d'ingérence, expressão 49
Le Droit d'Ingérence [O Direito à
Ingerência], revista 48

E

economia-mundo
capital e 88
crise estrutural da
87, 90, 94
custo de produção e
92, 94
debate intelectual sobre
moralidade da 30
deslocamento da produção
e 92-3
estruturas do saber e 76-8
expansionismo e 65-6
infraestrutura e 92-3
matérias-primas e 93-4
neoliberalismo e 26, 94
sistema universitário e
ver universidades
tendências seculares da 97
ver também debate Las Casas-
Sepúlveda
educação 96-7, 115
ver também saber, estruturas do;
universidade
Einstein, Albert 104
encomienda, sistema de 31-2
Engels, Friedrich 68
Entebe, ataque em 45
Espanha 31-2, 50
sistema de *encomienda* da 31-2
conquistas no Novo Mundo
31-5, 111
Estados Unidos 26, 44, 54-5
ver também Guerra do Iraque

estruturas burocráticas das
civilizações avançadas 64-5
universidades como 102-3, 106
eurocentrismo antieurocêntrico 82
expansionismo:
na Ásia *ver* Orientalismo
"bárbaros" e europeus 33-51
e a construção da economia-
mundo 29
disjunção entre realidade do e
justificativas do 29-30
disseminação da civilização
como justificativa do 29

F

Felipe, rei da Espanha 33
filosofia, ciência e 97-8
Foucault, Michel 72
França 48-9
Freud, Sigmund 68
fundamentalismo 115

G

Gandhi, Mahatma 42
globalização 25, 49
Grã-Bretanha 26
domínio colonial na Índia 41
grande mídia 26
Guatemala 32
Guerra do Iraque
invasão norte-americana
na 49, 55
a questão da jurisdição e 54-6
guerra ao terrorismo 112

H

Helsinki Watch 44
Helsinque, Acordos de 44
historização 118
Holanda 65
Holocausto 77
humanidades 98-100
    ciência *versus* 102-3, 105, 116
    especialização em 99
    estudos culturais e 103-6
    verdade universal e 116
humanismo 85, 97
    secular 97
Hussein, Saddam 49, 51, 56-7
hútus 48

I

Idade Média 95
ideias, poder das 106-23
Igreja Católica 37-8, 95
Iluminismo 86
    ver também civilização ocidental
Império Asteca 30
Império Inca 30
Império Otomano 64
Incas *ver* Império Inca
incesto, tabu do 79
Índia 64, 113
    domínio colonial britânico
      na 42
infraestrutura econômica 92-3
Inquisição 50
insumos como custo da produção
    90, 92-3

intelectuais 119-21
    papel dos 121-4
intervenção 1-29, 76
    o ataque em Entebe e 45
    como dever de punir 52-4
    direitos humanos e 51
    guerra ao terrorismo e 112
    humanitária 48-9
    Kouchner sobre 49-51
    livre-arbítrio e 39
    ONGs e 43, 48
    poder militar e 29, 35,
      112, 114
    princípio do mal menor e
      37-8, 56-7
    a questão da jurisdição e
      36-7, 53-6
    ver também debate Las
      Casas-Sepúlveda
Iraque 25, 49, 51, 55, 57-8
    ver também Guerra do Iraque
Israel 77
    o ataque em Entebe e 45
Iugoslávia 47, 51

J

judeus 36-7
jurisdição
    intervenção e
      36-7, 54-6
    a Guerra do Iraque e a
      questão da 55-7
    no debate Las Casas-Sepúlveda,
      34-9, 56-61

K

Khmer Vermelho 45
Kosovo 25, 48-9, 51, 57
Kouchner, Bernard 49-51

L

Las Casas, Bartolomé de 31 n. 1,
    31-2, 34 n. 3, 74-6
    ver também debate Las Casas-
    Sepúlveda
lei internacional 42-3, 46, 49-54
lei natural 60, 79
    crimes contra a *ver* crimes
    contra a humanidade
    e o debate Las Casas-Sepúlveda
    31-2, 58-9
    definida pelo universalismo
    europeu 59-60
    intervenção em nome da 30,
    59-60
Leyes Nuevas (Carlos V) 32
liberalismo 89
Libéria 48
libertação nacional, movimentos
    de 42, 75, 78, 83
limpeza étnica 47, 53, 57
livre-arbítrio 39
Losada, Angel 34 n. 3
lucro 90
luta de classes 90

M

Macedônia 47
mal menor, princípio do 37-8, 56-7

mão de obra 90
    como custo de produção 90-1
matérias-primas 97
Marx, Karl 68
Médicos Sem Fronteiras,
    organização 43, 49
meritocracia 116
Milosevic, Slobodan 51, 54
modernidade 66, 81, 114
Montesquieu, barão de 64-5, 71, 83
muçulmanos 36-7, 56

N

Nações Unidas 42-3, 46
    direitos humanos e 43
    doutrina de não intervenção
    das 42
não intervenção, doutrina de 42
nazismo 67
Nehru, Jawaharlal 42
neoliberal, economia 26, 94
Newton, Isaac 104

O

Ocidentalismo 83
Organização pela Libertação da
Palestina (OLP) 77
Organização do Tratado do
    Atlântico Norte (Otan) 55
organizações não governamentais
    (ONGs) 43, 48
Orientalismo 67-75, 81-6, 109, 113-6
    Abdel-Malek sobre 67-8, 74-5
    como choque de civilizações 115

ÍNDICE REMISSIVO · 135

ciência e declínio do 114-5
contestado pelo universalismo
científico 85
economia-mundo e 87-8
como estilo de pensamento 69,
72, 74
hipocrisia do 114
modernidade e 66, 81, 114
mudança política e 67
protestos mundiais de 1968 e
75-6, 78, 83, 102
regiões de civilizações
avançadas 64-6
relativismo radical e 80-1
revisão crítica do 74-5
Said sobre 68-72, 74-8, 82-3
Orientalismo (Said) 68-72, 82-3
"Orientalismo em Crise"
(Abdel-Malek) 67-8
Oriente Próximo 69-70
ver também Pérsia
Oslo, Acordos de 77

P

particularismo 83, 85, 109, 117
Paulo III, papa 32
Pérsia 64
ver também Orientalismo
poder:
das ideias 109, 133, 135
militar 35, 112, 114
mudança do poder geopolítico
135-7
retórica do 26-7

"Política como vocação"
(Weber) 120
política externa, visão realista da 43
poluição 93
pós-colonialismo 70
pós-Iluminismo 69
pós-modernismo 71, 77
povo, direito de soberania do
50, 101
produção 90
custos de 92-4
deslocamento da 92
progresso 87
protestos mundiais de 1968 75-6,
78, 83, 102
punir, dever de 52-4

R

racismo 67, 124
reféns 45
relativismo radical 80-1
Reagan, Ronald 45
regiões de civilizações avançadas
64-6
estrutura burocrática das 64-5
ignorância ocidental sobre 65
relativismo:
moral 37
radical 80-1
retórica do poder
apelo ao universalismo na 21, 26
universalismo distorcido pela
26-7
Revolução Francesa 101

Ruanda 25, 48, 50
Rússia 55
   ver também União Soviética

S
saber, estruturas do 94
   científico 87
   economia-mundo e 102
   estudos da complexidade e 103-5
   estudos culturais e 103-6
   organização das disciplinas e
      99-100
   papel do intelectual e 121-4
   sistema universitário e ver
      universidades
   teoria do meio não excluído e
      121
Said, Edward W. 68-72, 74-8, 82-3
Segunda Guerra Mundial,
   mudanças geopolíticas
      depois da 67
Senegal 118
Senghor, Léopold-Sédar 119
Sepúlveda, Juan Ginés de 32-4, 36-
   7, 39, 111-3
   ver também debate Las Casas-
      Sepúlveda
Serra Leoa 48
sérvios, Sérvia 47-8, 51, 55, 57
sexismo 124
soberania
   limpeza étnica e 47-53
   do povo 50-1, 101
   tensão entre intervenção e 49

Sublimis Deus (Paulo III) 32
Sociedade de Cultura Africana 119
Sudão 48
sunitas, árabes 51

T
tabu do incesto 79
Tanzânia 45
terceiro não excluído, teoria do 121
terrorismo 25
   guerra ao 112
tributação como custo de
produção 90, 93
Trouillot, Michel-Rolph 52 n. 16
tútsis 48

U
Uganda 45
União Europeia 50, 54
União Soviética 44
   colapso da 47
universalismo
   apelos na retórica do poder
      13, 21
   científico *ver* universalismo
      científico
   distorcido pela retórica do
      poder 26-7
   fraqueza do universalismo
      humanista 85
   luta entre universalismo
      europeu e universal 27
   mudança do poder geopolítico
      e 76-8

Orientalismo contestado pelo universalismo científico 86
particularismo e 73, 83
temas de apelos ao 26
valores compartilhados e *ver* valores universais
universalismo científico 85-7
ciências sociais e 86-7, 101
conflito entre humanidades e ciência e 102, 107-9
raízes do 83-5
ver também saber, estruturas do
universidades 96
comercialização das 102-3
especialização nas 96-7, 102
expansão das 96-7, 102

como instituições burocráticas 95-6
produção de conhecimento e 95
secundarização escolar das 103
sistema de faculdades das 98-9

V

valores universais 30, 35
definições múltiplas dos 60, 66, 71
falsa neutralidade de valor dos 120
verdade universal 26, 28, 37, 116
Vietnã 45

W

Weber, Max 120

SOBRE O AUTOR

Immanuel Wallerstein nasceu em Nova York (Estados Unidos), em 1930. É doutor em Sociologia pela Universidade Columbia, onde lecionou. Foi também professor na Universidade McGill (Canadá) e na Universidade Binghamton, em sua cidade natal. Aposentou-se em 1999, após o fim de seu mandato como presidente da Associação Internacional de Sociólogos (1994-1998). Desde 2000, é pesquisador-sênior do Departamento de Sociologia da Universidade Yale. Estudioso do marxismo e crítico do capitalismo global, é uma das principais referências teóricas dos movimentos antiglobalização. A seguir, outras obras do autor:

140 · O UNIVERSALISMO EUROPEU

The Capitalist World-Economy. Cambridge, Cambridge University Press, 1979.

The Modern World-System I: Capitalist Agriculture and the Origins of the European World-Economy in the Sixteenth Century. New York, Academic Press, [1974] 1980.

The Modern World-System II: Mercantilism and the Consolidation of the European World-Economy, 1600-1750. New York, Academic Press, [1974] 1980.

The Politics of the World-Economy: The States, the Movements and the Civilizations. Cambridge, Cambridge University Press, 1984.

The Modern World System III: The Second Era of Great Expansion of the Capitalist World-Economy, 1730-1840s. New York, Academic Press, [1974] 1989.

After Liberalism. New York, The New Press. 1995. [Edição brasileira: *Após o liberalismo: em busca da reconstrução do mundo*. Petrópolis, Vozes, 2002.]

Historical Capitalism, with Capitalist Civilization. London, Verso, 1995. [Edição brasileira: *Capitalismo histórico e civilização capitalista*. Rio de Janeiro, Contraponto, 2001.]

Utopistics. Or, Historical Choices Of The Twenty-First Century. New York, The New Press, 1998. [Edição brasileira: *Utopística: ou decisões históricas do século vinte e um*. Petrópolis, Vozes, 2003.]

The Essential Wallerstein. New York, The New Press, 2000.

The End of the World As We Know It: Social Science for the Twenty-First Century. Minneapolis, University of Minnesota Press, 2001. [Edição brasileira: *O fim do mundo como o concebemos: ciência social para o século XXI*. Rio de Janeiro, Revan, 2003.]

Unthinking Social Science: The Limits of Nineteenth-Century Paradigms. Philadelphia, Temple University Press, 2001. [Edição brasileira: *Impensar a ciência social: os limites dos paradigmas do século XIX*. Aparecida, Ideias & Letras, 2006.]

The Decline of American Power: The U.S. in a Chaotic World. New York, The New Press, 2003. [Edição brasileira: *O declínio do poder americano*. Rio de Janeiro, Contraponto, 2004.]

The Uncertainties of Knowledge. Philadelphia, Temple University Press, 2004.

World-Systems Analysis: An Introduction. Durham, Duke University Press, 2004.

Africa: The Politics of Independence And Unity. Lincoln, University of Nebraska Press, 2005.

OUTRAS PUBLICAÇÕES DA BOITEMPO

ARSENAL LÊNIN
Conselho editorial: Antonio Carlos Mazzeo,
Antonio Rago, Fábio Palácio,
Ivana Jinkings, Marcos Del Roio, Marly Vianna,
Milton Pinheiro e Slavoj Žižek

Esquerdismo, doença infantil do comunismo
VLADÍMIR ILITCH LÊNIN
Tradução de **Edições Avante!**
Prefácio de **Atilio A. Borón**
Orelha de **Sâmia Bomfim**
Apoio de **Fundação Maurício Grabois**

BIBLIOTECA LUKÁCS
Coordenação: José Paulo Netto e Ronaldo Vielmi Fortes

Estudos sobre Fausto
GYÖRGY LUKÁCS
Tradução de **NÉLIO SCHNEIDER**
Revisão técnica de **Ronaldo Vielmi Fortes**
Apresentação de **Luiz Barros Montez**
Orelha de **Jorge de Almeida**

Estética: a peculiaridade do estético – volume 1
GYÖRGY LUKÁCS
Tradução de **Nélio Schneider**
Revisão técnica de **Ronaldo Vielmi Fortes**
Apresentação de **José Paulo Netto**
Orelha de **Ester Vaisman**

ESCRITOS GRAMSCIANOS
Conselho editorial: Alvaro Bianchi, Daniela Mussi, Gianni
Fresu, Guido Liguori, Marcos del Roio e Virgínia Fontes

Vozes da terra
ANTONIO GRAMSCI
Organização e apresentação de **Marcos Del Roio**
Tradução de **Carlos Nelson Coutinho** e **Rita Coitinho**
Notas da edição de **Rita Coitinho** e **Marília Gabriella
Borges Machado**
Orelha de **Giovanni Semeraro**

ESTADO DE SÍTIO
Coordenação: Paulo Arantes

Colonialismo digital
DEIVISON FAUSTINO E WALTER LIPPOLD
Prefácio de **Sérgio Amadeu da Silveira**
Orelha de **Tarcízio Silva**

MARX-ENGELS

O essencial de Marx e Engels
KARL MARX E FRIEDRICH ENGELS
Organização de **Marcello Musto**
Tradução de **Nélio Schneider e outros**
Apresentação de **José Paulo Netto**
Orelha de **Marilena Chaui e Jorge Grespan** (v. 1);
Leda Paulani e Alfredo Saad Filho (v. 2);
Virgínia Fontes e Lincoln Secco (v. 3)

Para a crítica da economia política
KARL MARX
Tradução de **Nélio Schneider**
Apresentação de **Jorge Grespan**
Orelha de **Hugo da Gama Cerqueira**

MUNDO DO TRABALHO
Coordenação: Ricardo Antunes
Conselho editorial: Graça Druck, Luci Praun,
Marco Aurélio Santana, Murillo van der Laan,
Ricardo Festi, Ruy Braga

As novas infraestruturas produtivas: digitalização do trabalho, e-logística e Indústria 4.0
RICARDO FESTI E JÖRG NOWAK (ORGS.)
Orelha de **Maria Aparecida Bridi**

PONTOS DE PARTIDA

Lênin: uma introdução
JOÃO QUARTIM DE MORAES
Orelha de **Juliane Furno**

Lukács: uma introdução
JOSÉ PAULO NETTO
Orelha de **João Leonardo Medeiros**

Este livro foi composto em Spectrum, 12/17, e
reimpresso em papel Avena 80 g/m² pela gráfica
Forma Certa, para a Boitempo, em fevereiro de
2025, com tiragem de 200 exemplares.